生駒新聞の時代

山崎清吉と西本喜一

吉田伊佐夫　　小島 亮
Yoshida Isao　　Kojima Rio

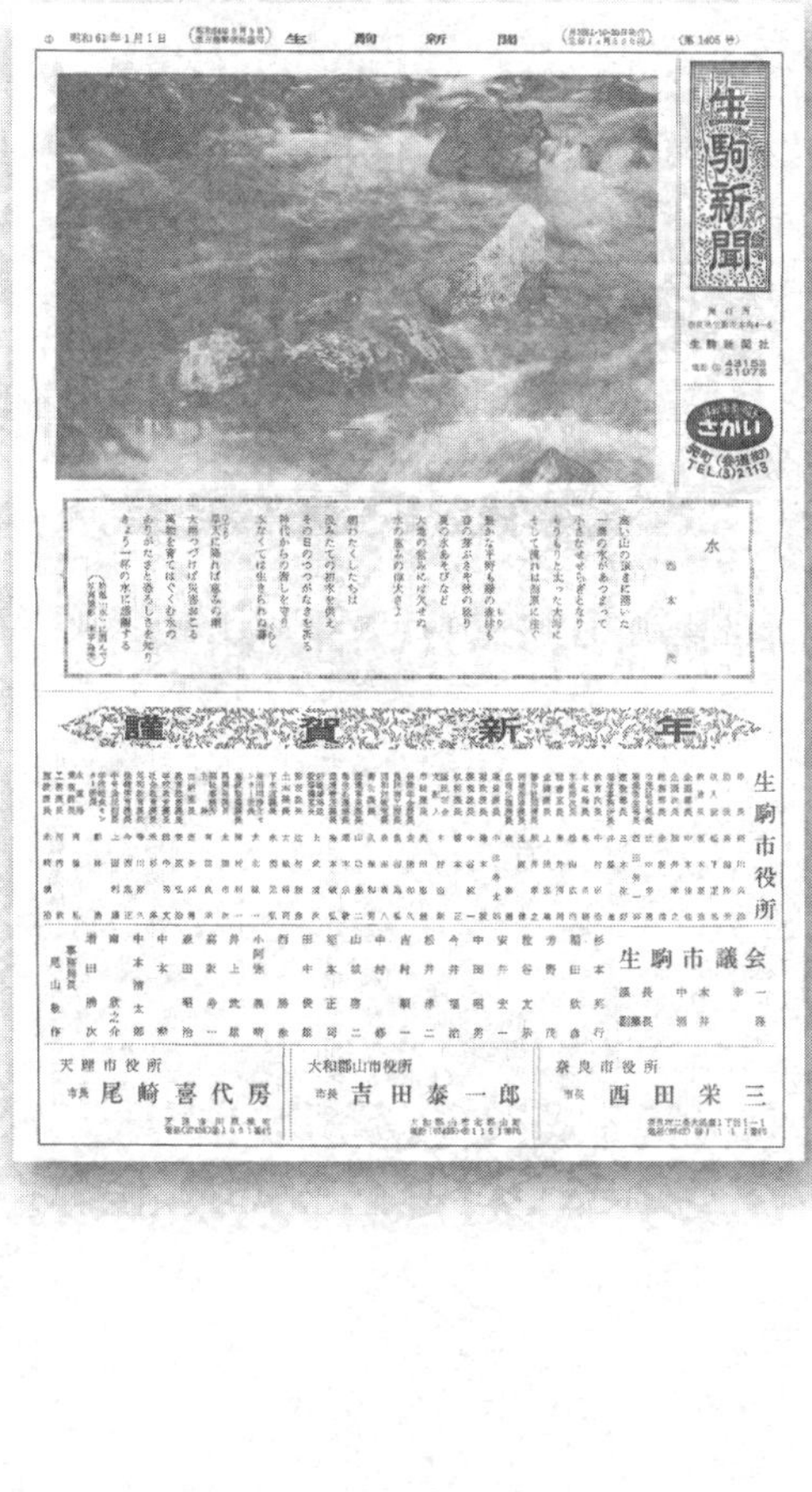
生駒新聞

さかい

水
西本

高い山の頂きに湧いた
一滴の水があつまって
小さなせせらぎとなり
もりもりと太った大河に
そして流れは海原に注ぐ
静かな平野も緑の森林も
谷の芽ぶきや秋の稔り
夏の水あそびなど
大地の恵みには欠かせぬ
水の恵みの偉大さよ
朝わたくしたちは
汲みたての初水を供え
その日のつつがなきを祈る
時代からの習しを守り
水なくては生きられぬ身
旱天に降れば恵みの雨
大雨つづけば災害ともなる
万物を育てはぐくむ水の
ありがたさと恐ろしさを知り
きょう一杯の水に感謝する

謹賀新年

生駒市役所

生駒市議会

天理市役所
市長 尾崎喜代房

大和郡山市役所
市長 吉田泰一郎

奈良市役所
市長 西田栄三

風媒社

① 昭和62年1月1日 （昭和54年9月9日 第三種郵便物認可） 生 駒 新 聞 （月3回1・10・20日発行 定価1ヵ月500円） （第1440号）

生駒新聞
発行所
奈良県生駒市本町4―3
生駒新聞社
電話 ③ 4315番 2197番

木

西 本 洸

太古一粒の木の実《こみ》が芽生《は》えた
長年の風雪に耐え
木々は大きく成長した
荒々しい木肌には
この国の歴史が浸み込んでる

深々とした緑に覆われた
この森あの山には
珍らしい獣《けもの》がひそみ
ここだけにしか棲まぬ
小鳥が囀っている

豊かな黒い大地に
天の恵みをうけて
木々は育ち繁茂する
人々はこの木のおかげで
住居《すまい》を建て暮しを支《ささ》えた

その昔大海原《うなばら》を
外国《とつくに》へ往来《ゆきき》した船も
いま漁師《りょうし》が乗る漁船も
すべて木で造られている
ふやそういのちの木々を

（写真は御題「木」に因んで 写真撮影 木平為夫）

毎年正月特別号には西本社主の詩が掲載された

生駒新聞の時代　――山崎清吉と西本喜一――

はじめに

遠き日の石に刻み
砂に影おち
崩れ墜つ　天地のまなか
一輪の花の幻
―原民喜「碑銘」―

本冊子は『生駒新聞』と二人の文人―山崎清吉と西本喜一―に捧げるレクイエムである。

今ではすっかり忘れ去られた同紙は、大正期の青年団運動に起源を有する『愛郷新聞』を前身に持ち、半世紀にわたって継続した地域メディアであった。市町村を拠点とする彙報類は数多くあっても、詩文や芸術を主旨とする商業新聞はおそらく全国的にも稀有な例と言うべく、その存在自体が奇貨以外の何ものでもなかった。

『生駒新聞』を維持するために全人生と資産を投じたのは、若くして自由詩運動の一翼を担い、生涯現役の詩人であり続けた西本喜一に他ならない。とりわけ一九七〇年代の同紙は西本社主の絶妙な采配の下、移り行く地域社会を映し出して多士済々を誇っていたのであった。一方、戦前「惟神の道」の論客として知られていた山崎清吉は、西本社主の慫慂によってこの時期には歴史研究やエッセイを相次いで公表し、あたかも同紙主筆の観を呈していた。不遜にも、本冊子の著者二人も驥尾に付して執筆陣に加わり、西本喜一、山崎清吉の謦咳に接してそれぞれの知的人生を出発させたのである。

吉田は慶應義塾に国文学を学んだ後、関西に戻り新聞記者として長らく経済畑を歩み、退職後は月刊『大和路ならら』の歴史エッセイ作家として知られている。小島は立命館で日本史を専攻した後、長らく激動の東欧や米国に遊び、リトアニアの大学を皮切りに一学徒として研修を続け現在に至る。まったく人生も世界観も異なるも、半世紀にわたる邯鄲の夢から醒めてから、著者二人はありし日々（吉田は三〇歳代、小島は一〇歳代後半）の意味についてようやく気が付いたと言うべきであろうか。

急いで付言すると、奈良学園前に寓居を有する点も同じで、学園北の交差点にて二〇一五年くらいに邂逅し、ややあって二人の大恩人の著作集刊行を構想するようになった。

二〇一八年には編集作業を始めるも、最終的に山崎先生の著作権者からは理解を得られず、次善の策として何らかの手がかりを後世の読者に送り届けることにしたのである。

一方、西本社主の積年の歌作は山村公治氏らにより『歌集齢』（私家版、一九八三年）として集成されていたため、本冊子では作品紹介でなく人物像の記録に重点を移した。残念ながら「老人」となった著者二人は当事者でもあるため、『生駒新聞』を梁山泊とした文人たちへの再評価を行う時間も批評的視野にも恵まれない。その仕事を未来世代に委ねるために、本冊子が闇夜に灯された細い蝋燭たらんと祈念するのみである。

第Ⅰ部に収録した対談に向けて、著者二人は大渕池畔の梨風庵、学園前をはじめ奈良各地のスターバックス店舗を借りて回顧談を行い、二〇二〇年九月四日には学園前アートサロン「空」にて全体のストーリーを纏めるために長時間録音を行った。これを小島速記オフィス（多治見市）に起稿依頼し、完成したドラフトに累積した議論を埋め込み、文献的エヴィデンスを明示して曖昧さをできる限り回避した。さらに議論の至らなかった論点はヴァーチャル対談風にして関連部分に加筆し、将来の読者に向けて序論的解説たるべく考慮した。

第Ⅱ部は著者二人の書いたエッセイのうち、本冊子の主旨に裨益する文章を再録、第Ⅲ部は吉田のメモを編集して山崎先生の軌跡、夢幻の彼方に過ぎ去りし日々を知るよすがとした。

二人のスケジュールもなかなか合致せず、本冊子も最終的にはやや妥協的な内容になった感さえあるも、「記憶にとどめる」目的をひとまず達成されたとすれば寸志は稔ったと愚考しよう。

ネット上を検索すれば、二人の文人の事績は固より、『生駒新聞』へのアクセスも断片的にしか儘ならない現況である。望むらくは、近未来に山崎清吉著作集も上梓され、『生駒新聞』全号のデータベース化を実現して広く語り継がれる日の来たらんことを！

二〇二一年春

吉田伊佐夫
小島　亮

補記

表記に関して一口。第Ⅰ部は岩波書店の『思想』誌をはじめ学術雑誌に広く採用されている漢数字表記を用いた。「二七」「四〇八」のように数字を並べるだけの用法である。しかし引用文や第Ⅱ部収録のエッセイ類は初出誌紙、あるいは草稿の表記法をそのまま再録したため、本冊子を通してあえて一貫させなかった。原文主義を主旨としたためであって「表記揺れ」ではない。

第Ⅰ部

1970年代半ばの生駒
（生駒市オープンデータポータルから）

山崎清吉と西本喜一

出会い

小島　「山崎清吉と西本喜一」というタイトルで、戦後生駒の二人の文化的大先人について吉田さんと回顧を行いたいと思います。この二人について吉田さんはまさに「二人の文人」（本書所収）と題するエッセイで振り返っておられます。かつては大和北部の文化的重鎮として誰もが名を知る存在でしたのに、今ではその著作を読むことさえ容易にはできません。

新世紀になって図書情報のデジタル化とネット上の情報が充実して、今や遠い場所に所蔵されている資料を自宅で簡単に調べられるような時代になりました。ところが、このプロセスには対偶的側面もあり、ＩＴ化から洩れてしまった情報は、うっかりすると徹底的に忘却されかねません。文字言語しか残っていないために口承の記録を人類は喪失したのと同じような状況に直面しているわけです。

試みに「山崎清吉」と「西本喜一」のどちらかをキーワードにしてネット検索してみても、出てくる情報はほぼ皆無に近い現状です。このまま行くと、生駒のみか奈良の文化史にとても大きな空白を作ってしまい、将来まったく顧みられない状態になってしまいます。著作家でもあった山崎先生の場合は、その生涯にわたる文筆活動や研究業績も忘れられ、将来の世代はこの豊かな業績を顧みずに研究を始めないといけない可能性さえ存在します。広い交友を持たれ、全国的にも名前の知られた奈良高山の知的巨人をこのまま歴史の闇に埋もれさせてはなりません。

一方、西本さんは生駒町議会議員としても活躍され、市制に転じる時期には市議会議長として地元政治のまとめ役を引き受けられました。生駒が戦前以来の村社会の連合体からニュータウンの新住民中心の「大阪のベッドタウン」に転身する難しい時期に市政の采配を揮われたのです。こちらの活躍で記憶されている人もおいでかに察しますが、本領は大正自由詩運動の息吹を生涯にわたって体現された詩人であり、大正期の青年団運動の伝統を引く『生駒新聞』の社主として生涯を全うされた点にこそありました。文化の香り高い地元紙をたった一人で半世紀にわたって編集・発行された例はおそらく稀有と思われます。私たちは山崎先生の著作を復刊したかったわけですが、著作権者の了解を受けることが叶わなかったために、次善の策としてこの資料集上梓の企画を思い立った次第です。将来の世代は「山崎清吉著作目録」(本書所収)を参考に公共図書館で実際にその著作を読み、学問的に継承してほしいと希望します。『生駒新聞』も全号のデジタル化を実現し、研究資料として江湖に問われる日が来ることを祈念いたします。これは私たち二人の将来に生きる世代への「遺言」でもあります。

吉田さんは六〇年代半ばからこのお二人と知り合われ、七〇年代には不肖私も『生駒新聞』を介して面識を得ました。考えれば、『生駒新聞』は七〇年代にひとつの絶頂期を迎えていて、西本さんの采配と書き手の山崎先生の絶妙な連携があったと思われます。お二人の業績を記録する上で、もっと適任の方がおいでになる可能性も否めませんが、私たち二人は実際に執筆者として関わったメンバーでは最後の生き残りではないでしょうか。

幸い今日は『生駒新聞』に事務方としてかかわられた吉水麻貴さんもいらっしゃいますので、時々いろいろなご意見を聴取しながら回顧をしたいと考えます。導入部は一応私が吉田さんにインタヴューさせていただく形にしますが、自由奔放に山崎清吉と西本喜一という二人の人物について語り、その相貌を長く記憶するよすがにできればと思っています。まず、本論に入る前に、吉田さんについて少し伺います。

吉田さんは高山ご出身ですが、何年にお生まれになったのでしょうか。

吉田　一九四〇(昭和一五)年です。

小島　紀元(皇紀)二千六百年ですね。

吉田　そういうことです。まさに記念式典の最中に生まれたということですね。

小島　紀元二千六百年祭の一つのイヴェントとして記紀神話をヴィジュアル化して、建国神話にちなむ土地を公定し顕彰碑を建てるプロジェクトを当時の文部省が進めます。建国神話の土地となると助成金も出るし観光地としても脚光を浴びるわけですから、西日本の各地で顕彰運動がにわかに盛り上がりました。これについては古川隆久さんやケネス・ルオフさんも最近お書きになったように、時宜に便乗し、大恐慌で疲弊した村落を復興させる「村興し」として機能しました。[1]「神武天皇聖蹟」に指定されれば観光資源にもなり、村落整備のための補助金も期待できたからです。こうして西日本各地に神武東遷にまつわる「聖蹟」候補地が俄に名乗りを上げ、「金鵄発祥地」なるものの舞台の一つとして北倭も取り沙汰されたわけです。これは今日の話にも関わりますので後の方で触れましょう。

　吉田さんは『生駒新聞』には六〇年代半ばに二〇歳代から登場されました。私たちは七〇年代の『生駒新聞』紙上の文化的盛り上がりを「黄金時代」と把握して議論するわけですが、その時代の吉田さんはまさに三〇歳代の人生の最盛期を迎えられていました。私が吉田さんに直接お会いしたのは一九七三年七月一五日、高山八幡宮に山崎先生をはじめて訪問した折でした。もちろん、それまでに『生駒新聞』に掲載された吉田さんのエッセイも愛読しておりました。

吉田　これはまずい過去をさらしかねない話になりそうですね。私も小島君と初めて会った日を記憶していますよ。私は生まれてから小学校までずっと高山に住んでおりました。

小島　高山小学校ですか。

吉田　当時は北倭村第一小学校と言いましたが、後に高山小学校、生駒北小学校となり、今は小中一貫の生駒北小中学校になっています。

小島　「第一」と名前がついているということは、「第二」もあったわけですか。

吉田　北倭村というのは、一八八九（明治二二）年の行政改革による町村合併で生まれた村なんですね。このとき現在の生駒市にあたる地域は、北生駒村、南生駒村、そして北倭村が発足しました。今では名前さえ忘れ去られたこの村について私は未公刊の草稿「光彩放つ『北倭村是』の志—近代地域史資料の周辺と今日的意義—」（本書所収）に書いておきました。北倭村には五つの地域（旧村）がありまして、その旧村、つまり今の鹿畑に第二、上町に第三、それに南・北田原地区に第四ということで、四つの小学校がありました。そのうち一番まとまりの大きく人口も多かった高山の小学校が第一ということですが、そこに六年いて、中学校は、村立もあったんですが、たまたま両親の知り合いの勧めで、奈良の青々中学校に進みました。現在の東大寺学園です。その後高等学校ができ、一貫教育の受験校になりました。その時代の校舎は東大寺の中、南大門を入ってすぐ西側の東大寺ミュージアムの場所にあって、ご存知のように今では山陵町に移っています。県立奈良高校を出て東京の早稲田の政経をめざしたんですけど、担任教師から君には無理だと言われまして、案の定二年浪人しました。浪人時代も東京で過ごし、受験勉強はまるでやる気がないから、今度は慶應の文学部を受けました。なぜかというと、入試は二科目しかなく、なんと国語もないんです。国語のない文学部なんていったいどういうところかと不思議に思いましたね。

小島　慶應は思い切った英断で入試を簡略化したのですね。でも入試の国語と国語力は往々にして反比例しますから卓見ですね。私の高校時代、入試に引用された著者がその入試問題を解いてみたら模範解答では不正解であったという実話がよく知られていて、教科書や入試の国語をさんざんこき下ろした丸谷才一の『日本語のために』[2]も個人的に座右に置いて愛読していました。とりわけ現代国語の入試などは公務員試験の「判断推理」さながらですから、国語入試の本質は文学でなく政治的なものです。

吉田　どこかに籍をおいて小説を書こうなんて考えてました。理髪職人だった父は仕送りに苦労したでしょうね。一年目は日吉で、二年から三田にいて、僕も西本さんとよく似て俗にいう文学青年だったのか、学生のころから同人雑誌を出したりしていました。そのころ、慶應で決定的に胸を打たれた一人の詩人に出会いました。

小島　どなたでしょうか。

吉田　小磯仁という人です。彼は国文学科で、僕も国文学科にいたんです。たしか僕より二つほど上で、詩を書いていました。知り合って話す機会が増えるうちに、詩というか、言葉というものの厳しさ、怖さを突きつけられまして、これは自分には文学は無理だなと思い知らされました。

小島　小磯さんはヘルダーリンの翻訳と研究で著名な方ですね。私はてっきり独文学科だと思っていました。

吉田　小磯さんはその後、統一前の西ドイツの大学で研究生活を送り、帰国後山梨大学教授を勤められました。僕は国文学科で『源氏物語』の先生につきました。ひどい話で、その先生は『源氏物語』を初めから読んでいくんですね。原文を少し読んでそれを訳し、また次を読んで訳すという、そんな講義が延々と続くわけです。

小島　高校の古文の授業みたいな感じですね。

吉田　これなら学年の終わりにパパッとやれば、単位取得くらいは楽勝だな、と心がけの悪い学生でしたよ。

小島　私が現在の勤務先でとてもお世話になった井上輝夫先生は一九四〇年生まれですから吉田さんとまったく同年齢で、三田時代も重なりますね。吉増剛造などと詩誌『ドラムカン』を出されていましたし、井上先生は仏文学科でしたが吉増さんは国文学科でしたね。

吉田　そうでしたね。三田に通うようになってすぐだったと思うんですが、文学研究会なるものに初めて顔を出したことがあります。三〇人くらい集まったメンバーの末席にかしこまっていましたが、ヒナ段に五、六人坐っていて、井上輝夫さんや岡田隆彦さんが紹介されていました。岡田さんは美術評論で一家をなした人だと記憶しています。この会合に出たのはこの時の一回きりです。

小島　三田には池田彌三郎のような国文学者というよりは粋な文人、または広義の教養人がたくさんいて多士済々であったと思います。専門的な国文学の先生でなくそちらの影響はなかったんですか。

吉田　講義は自由に聴けましたから、池田彌三郎先生の講義にも出たりはしました。最後の卒業証書は池田先生から渡されました。

小島　学部長だったのですか。そういえば入試から国語をなくしたのは池田彌三郎の采配らしいですよ。

吉田　そうですか。あと、中国文学の奥野信太郎先生とかね。この方も当時なかなか人気のある先生で、割と自由に聴講できました。僕は三田へ通っていたといっても、三田の文学はよく知らないんです。井上輝夫さんの話が出ましたが、僕らが大学にいた当時はちょうど実存主義の華やかなりし時代です。要するに、サルトルだとかカミュだとか、ちょっと変わったところではヌーヴォー・ロマンのロブ＝グリエとか、白井浩司先生が次々に紹介してもてはやされた時代でした。

小島　三田の仏文では、私は吉田さんとほぼ同じ学年の鷲見洋一先生（一九四一年生まれ）と現在の勤務先で五年間同僚となる光栄に浴し、おまけに職員宿舎の隣人でもありました。安保闘争のあとの三田の雰囲気についてしばしばお話を伺ったものです。井上先生がご存命だった頃、私は自分の編集する『アリーナ』という雑誌で「フランス＝限りなく現在／詩人・井上輝夫」（八号、二〇一〇年）なる特集も組んだこともあり、なんと吉増剛造氏もあの独創的な詩を寄せてくださったのです。

吉田さんは何年から何年まで三田に在籍なさっていたんですか。

吉田　一九六五（昭和四〇）年卒ですから、その前の四年間のうち後半三年が三田でした。

小島　一九六二（昭和三七）年から一九六五（昭和四〇）年。ちょうど東京オリンピックを挟んだ時期ですね。

吉田　卒業の前年がオリンピックで、そのときには新聞社への就職が決まっていましたから、駒沢でバレーボールの「東洋の魔女」を横目で見ながら原稿運びのアルバイトをしていました。小磯さんとの出会いによって、文学的挫折というか、いや、むしろ僕にとっては文学に開眼したといった方がいいんですが、個人的に行方定まらないいいかげんな判断で新聞社に入りました。社会部記者からスタートしたんですが、社会部長から、学生時代に何をやっていたんだと問われ、「原民喜」をやってましたと答えると、「まあ、記者に使えるやろ」と横柄な言葉が返ってきました。本論からちょっと逸れますが、民喜は広島出身で三田の英文科に学び、『夏の花』三部作や詩人としても知られています。心がいつも震えているような人で、自ら「杞憂」を名乗っていましたが、現実に天が墜ちてきた原爆に遭遇します。震える心はこの時を境に、すさまじくも強靭な眼差しで「ヒロシマ」の惨状を凝視し、そして書き続けます。一般に民喜も原爆作家とか反戦詩人の一人と、ひとくくりにして語られることが多いです。そういう側面もあるでしょうが、単にそんなものじゃない、と反発する気持ちが僕にはありましたね。

小島　吉田さんの青春時代は、山崎清吉、西本喜一のお二方と似た文化状況を経験されたのかと思います。六〇年代というのは安保闘争から始まるじゃないですか。要するに政治の季節ですよね。日本中があたかも革命でも起こりかねない大動乱を経験した後、いわゆる挫折の時代を迎えて実存主義などがブームになったわけです。当時飛ぶ鳥を落とす勢いだったマルクス主義陣営でも「疎外論」ブームによってルカーチなども熟読されます。ハンガリー研究の徒としてあえて贅言を加えますと、ルカーチの疎外論はサルトルとは真逆の思想的ヴェクトルで、本来的には実存主義と平和共存はできないのですが、この辺は時代思潮なのでしょうね。思想的には圧倒的にサルトル、そして文学では初期のカミュを読まないと青春の苦悶は語れなかった時代です。サルトルはマルクスを補足するスタンスを維持していた時期もありましたので、実存主義は挫折でなく補完だったと受け取った人もいるかも知れません。いずれにしても社会の問題からこぼれ落ちた個人を正面から見据える考えが台頭し、この思想的潮流は六〇年代末の学園紛争の伏線を作るわけです。

ところで本論に戻ります。山崎清吉、西本喜一のお二人の経歴を見ますと、山崎先生は一九〇一（明治三四）年に、西本さんは一九〇三（明治三六）年に生まれています。お二人が青年時代を過ごした二〇年代は第一次世界大戦後の戦後不況の真っただ中、同時に大都市ではモダン文化の揺籃期でした。日本中の社会運動が盛り上がって、大逆事件後の「冬の時代」には鳴りを潜めていた労働争議が復活します。ロシア革命の影響もあって、共産党はできますし、奈良において重要な社会問題は農村の疲弊からする農民運動の勃興と水平社の創設でしょうか。これらはすべて一九二二（大正一一）年の出来事なのです。この時期の関西の社会状況は、まさに住井すゑの長編『橋のない川』や城山三郎の『鼠』などの大傑作のテーマになっています。松尾尊兊先生の七〇年代の諸研究[3]によってダイナミックに描かれたように、中央における大正デモクラシーの政治状況は、地方における社会の変動のマクロな結果だったと言えますし、二〇年代に爆発する社会運動こそはその結果だったわけです、お二人ともその状況に直面されて若き人生を出発させ、思想的な決断をされてゆく。ご本人たちはポーカーフェイスを決め込んでいるのですが、後々議論するように社会や政治に心揺さぶられた若き日を持たれていたのです。

私たちの目にしたお二人は老成した大人だったのですが、間違いなく若き日はもっと血を沸き立たせた社会派だったと思います。山崎先生は二〇年代中期から三〇年代の時代思潮に屹立し、日本主義を奉事して執筆活動も盛んに行われ、結果的には学問でなく神職を選択されるのです。山崎先生はとてもラディカルな人物だったのですが、知のモラルは厳守され、戦時下は逆に時局に便乗する愚を避けられました。一方の西本さんは「左傾」した青年時代を送られていた可能性があり、プロレタリア文学の『文藝戦線』や『文党』に文章を書いていたという驚くべき事実が出て来るわけです。西本さんは若くして上京し血気盛んな人生を出発させられたのですが、あえてその志を心に閉じ込めて新聞記者として再出発されました。ところが若き日の気概は人生を通じて決して燃え尽きていなかった。これについては後で触れましょう。いずれにしても、このお二人の青年時代の思想的出発に際して直面した状況は吉田さんが経験された六〇年代にちょっと似ているわけですね。

吉田　経験の土壌はそういったものでしょうが、山崎先生や西本さんと一緒に論じられますと畏れ多いというか、僭越ですね（笑）。

小島　社会の大きな状況が気のつかないうちに個人の思索的原質や身振りをつくっているわけで、結構それが吉田さんのその後を決めていったと思いますよ。話を戻しますが、一九六五年に奈良に戻られ、『産経新聞』に記者として入社されるわけですね。どの部署にいらっしゃったんですか。

吉田　さきほど申し上げたように社会部が最初で、まもなく経済畑に移りました。修行時代は、自分なりに記者になったものの、素直に記者の世界に入っていけない非常に不安定な時期が三、四年続きました。そういう中で西本さんや山崎先生と出会いました。

小島　高山で少年時代をお過ごしになっていたとき、山崎先生との接点はなかったわけですか。

吉田　山崎先生は氏神様の宮司さんで、われわれの家はみんな氏子になっていましたから、毎年年末にはお祓いに来てくださっていました。私の家は父が理髪師で、僕が言うのもなんですが、腕の立つ職人でしたから、村の人たちの多くが固定客で、山崎先生もそのお一人だったんです。昔の村の床屋は「浮世床」じゃありませんが、床屋談義がにぎやかでしたね。それはともかく僕もよく店をのぞいて先生をお見掛けし存じ上げていましたが、何分近寄りがたくて、帰郷以降、一九七〇（昭和四五）年の少し前に直接謦咳に接するまでには、ちょっと時間がかかりました。

小島　作っていただいた「山崎清吉と私」（本書所収）を見ますと、一九六八（昭和四三）年に山崎先生との交流が始まると書かれています。何かわざわざ訪ねられるきっかけをお持ちだったわけですか。

吉田　山崎先生ご自身から、僕が新聞社に勤めて何か物を書いているということでお呼びがかかったと思います。実は大学を出る前年の一月一〇日に、『生駒新聞』に投稿していたんです。「新春俳句抄」か何か、つまり初春の俳句を集めて書いたんですね。それを西本さんがパッと載せてくれた。僕はそれまで知らなかったんだけれども、山崎先生は戦後、『生駒新聞』に盛んに投稿されていて、西本さんとは深い交流があったようです。山崎先生が『生駒新聞』に書かれた「さらで・だに」（一九六九年六月一日号）というエッセイの中に、三年ぶりに筆をとったとあり、それから先生は次々と『生駒新聞』に書いてゆかれました。僕も前後して『生駒新聞』に投稿するようになりました。先生の休筆理由はわかりませんが、執筆再開は、僕が書き始めたのがちょっと刺激になったのかなという感じがしたんです。

いずれにしても山崎先生は僕の文章を読まれていたわけです。ある日、散髪に来られているときに顔を合わせ、ちょっと遊びにいらっしゃいというようなことを言われたので伺ったのです。先生はお酒が好きだったですし、僕も飲むほうですから訪問が頻繁になった。ただ、三年ほどして僕が通勤の関係で生駒駅に近い東松ケ丘へ移ったので、お邪魔するのが途切れたんです。そうすると度々葉書をくださって、時には日に二度、葉書をくださることもあり、今書いているテーマのことや参考にすべき古典のことなど多くのことをそれとなく教えていただきました。そもそも山崎先生は物事を人に教えるというような姿勢じゃないんですね。先生自身が思っていること、感じていることを思うがまま書かれ、そしてお話しになる。それを私たちは流れる水を汲むように読み取り、自然のままに聞く。そういう関係でした。小島君もそうした経験があるのではないかと思います。

小島　はい、私は高校生でしたから黙って話を聞くのが精一杯でした。これで吉田さんと山崎先生との接点が見えてきました。吉田さんが生駒に引っ越しをされた後、葉書を通じて山崎先生とまた別なかかわりが始まるのが一九七一年ということですね。一九六五年に高山に戻られ、一九六八年に山崎先生を初めて訪ね、一九七一年に入ってから生駒駅近くの東松ケ丘に移られた。「有涯」と号されておられましたね。

吉田　もうちょっと早いかもしれませんね。

小島　大阪万博は始まっていましたか。

吉田　始まっていました。

小島　では、一九七〇年の初頭ということですね。実は私の両親も、大阪東成の片江から生駒の軽井沢町に引っ越したのが一九七〇年の八月だったと思います。したがって、まったく偶然ですが、吉田さんと私はほぼ同時期に生駒での生活を始めているというわけです。

吉田　本屋で顔を合わせていたかもわかりませんね。

小島　生駒の駅前に前川書店がありましたよね。あそこへは毎日行っていましたから、知らないうちにお目にかかっていた可能性があります。私は生駒に引っ越してからも大阪の学校に行っていて、高等学校も桃山学院高校に進学しました。駅前の前川書店あたりを下校の途中で毎日ぶらぶらしていました。十三《じゅうそう》焼の店などまだ健在だった旧い時代です。生駒駅から軽井沢まで急坂を上らないといけないので、駅前でちょっと油を売ってから帰宅したのです。前川書店は駅の北と南に二軒ありましたよね。

吉田　そうでしたね。

小島　生駒というのは、駅前から生駒聖天の参道沿いに昔の吉野造りの旅館跡が残っていて、なかなか個性のある小ぢんまりしたいい街だったんです。ああいう街並みをぶらぶらするうちに、あるところにタブロイド版の白い新聞が貼ってあるのを目にするようになりました。「生駒郡生駒町本町四の八」に生駒新聞社の小さな事務所がありましたね。私の記憶では、壁にいつも『生駒新聞』の最新号が貼ってありました。こんな面白いものがあるのかと、それを立ち読みするようになったんですね。旬刊でしたので、気をつけて壁の最新号を欠かさず読んでいました。歴史に目を開きつつあった時期だったので、山崎先生の「高山地名考」はとりわけ熱心に読んでいました。買っても安い値段でしたから、いつからか定期購読をしていました。

私は桃山学院高校で左翼的ラディカリズムの考えに染まりまして、ポール・ニザンの『アデン・アラビア』を教典のように耽読し、一方で差別問題や環境問題に注意をするようになりました。私は劣等生で、おまけに教科書裁判を勝手に解釈して、教科書などウソしか書いていないと確信して勉強しませんでした。この時期、六〇年代の熱狂は去っていましたが、いわゆる革新自治体が簇進し、多くの地域で公害問題が政治的イシューの中心でした。私は政治運動には無関心でしたが、『朝日ジャーナル』の熱心な読者で、公募作文があると投稿しては図書券をゲットしていました。一方で私の父親の影響から歴史に興味を持ち始め、いつしか小生意気にマルクス主義歴史学にも興味を持って勉強しているうちに、幕末に生駒谷で起こった矢野騒動[4]という世直し一揆を知りました。いろいろ調べていったら、生駒市立図書館にガリ版の『義侠與平実傳記』があったのですね。のちにそのガリを切ったのは浜田博生という奈良学芸大学を出たとても有名な小学校の先生だったと知りました。五〇年代に歴史学の世界で「国民的歴史学運動」というのがありまして、当時の共産党の路線から農民蜂起の伝統を発掘して紙芝居などを作っていたのですね。[5]浜田さんは奈良におけるその中心的活動家で、生駒南小学校に赴任された時期に矢野騒動を調べられたようです。私は高校時代、登大路の県立文化会館横にあった奈良県教職員組合の事務所に伺って、実際にご本人ともお会いしました。その『義侠與平実傳記』を現代文に訳してパンフレットを作り、人に配ったり林基先生（専修大学文学部教授）に送ったりしていました。布施の「ヒバリヤ本店」でたまたま見つけて買った『続百姓一揆の伝統』[6]の末尾に住所が書いてあったからです。それが生駒の歴史について最初に興味を持ったテーマでした。高校に入ったころからマルクス主義の歴史学を分からないなりに読み始め、具体的に生駒の歴史などを勉強してみようと考えたのです。ちょうどそのころ『生駒市誌資料編Ⅰ』（一九七一年）が出版されたんですが、それを読んだら、どうも極めて古臭い歴史観で書かれている。私は生意気な左翼の跳ね上がりでしたから、編纂の仕方がいかにも戦前の郷土史みたいだし、時代錯誤の産物じゃないかと過剰反応したのです。そこで『生駒新聞』に批判を投稿してやろうとふと思ったのです。その前に様子を見る意味で一九七二年一一月二〇日号に「周辺環境を考えろ」と題する小文を寄稿しました。生駒駅前の大鳥居を撤去する市の政策に反対する内容です。それを西本さんは即刻載せてくれました。じゃあ、と気をよくして冬休み中に「生駒市誌批判へのプロローグ」という原稿を書いて西本さんに送ると、『生駒新聞』一九七三年一月二〇日号に一切のカットなしで掲載されたのです。それをきっかけにして本格的に『生駒新聞』とかかわりを持ち始めるわけです。執筆に際して大きな影響を受けていたのは、高校一年の時に読んだ芳賀登の『地方史の思想』[7]でした。

脱線するようですがこの時期に地方とか民衆といった小さな具体的存在への再帰が六〇年代までのマルクス主義の世界観先行主義を反省する論理上に焦点を当てられていました。それはポストモダンでなくアンチモダンを旗印にする基本的に反体制的な歴史観でした。のちに「社会史」と呼ばれる大きな波は八〇年代にマルクス主義歴史学を転覆させるのですが、六〇年代後半から七〇年代に猖獗を極めたアンチモダン民衆史はそれに敵対するのでなく完成しようと志向する態度でした。先に述べました芳賀登『地方史の思想』はそうした議論を辿るとともに現況を鳥瞰したアンチョコのような書物でした。余談を加えますと、私の大学に入る七〇年代中期になると、民衆史は三省堂の『日本民衆の歴史』シリーズ[8]のように既成のマルクス主義史学に再帰する傾向と色川大吉のようにマクロ史学への収斂を拒否してその後の「社会史」に順接するトレンドに分岐しました。わが歴史学の青春、懐かしい思い出です。

生駒市誌批判では今から見たら真っ青になりそうな馬鹿げたことを私は平気で言っていて、可能なら自分の人生からこの「黒歴史」は消しゴムで跡形もなく消去したいものです（「生駒地方史研究覚え書(上)・(下)」〈本書所収〉を参照）。でもこれを契機にいっそう生駒の地方史への興味は深まり、パンフレット化された『高山地名考』（一九七二年）も手に入れて繰り返し再読しました。この出版案内も『生駒新聞』に出ていて、社務所に郵便切手を入れて送った記憶も残っています。もちろん私は山崎先生とは立場を異にするのですが、ただの左翼とちょっと違うのは、若干文学っ気があったんですね。漢詩や和歌も好きでしたし、明治文学から川端康成、戦後では三島由紀夫や安部公房などの世代の文学、それにヨーロッパ近代文学は一通り全部、カフカからハシェクなど中欧文学も熱心に読んでいました。生意気なチンピラ左翼の高校生と、宮司をなさっている戦前以来の大文筆家との間には接点はないように見えるのですが、あの得も言われぬ重厚な文学的センスに憧憬し、エッセイを愛読していました。山崎先生の文章からは、まさに祝詞を読むような音楽的響きを感じましたし、豊潤な教養人の本領を発揮した造詣の深さには圧倒されていたのです。忘れないうちに自慢話を言わせてください。山崎先生は晩年のエッセイで前野直彬の『風月無尽』[9]に言及されていますが、あの本は私が差し上げたものです。自分の愛読書を先生も気に入ってくださったように、僭越ながら趣向は完璧に一致していたわけです。

一九七三年七月一五日の朝、私はいきなり山崎先生に電話をかけたんですね。「小島です」と言ったら、「ああ、小島君か」という話になって、「先生、今からお伺いしていいですか」と言ってみたら、「いいよいいよ、いらっしゃい」と招いてくださいました。本当に昨日さながらに記憶しています。ものすごく暑かった日、富雄駅からバスに乗り、高山八幡宮の玉砂利を歩き、初めて山崎先生を訪ねて社務所へ行きました。玉砂利を踏みしめる感触や音さえリアルに蘇ってきます。これが私と吉田さんとの最初の出会いだったんです。

すね。

吉田　そうでしたね。その日の日記というよりメモ書きですが、この日朝先生から電話があり、中田庄一さん、小島君が来るので、とお誘いを受けました。そのあとに続き、「小島君は高校二年生也、驚異の学徒とみる。その学識、すでに余の及ぶところにあらず。中田氏と三人で宮形之宮から芝あたりまで歩く。この炎天下に。この日散髪」とあります。散髪は余計ですが、山崎先生の話に身じろぎもせず耳を傾ける初対面の小島少年に僕の驚きがわかりますね。それもそうですが、今思い返すと、当時先生七三歳、中田さん五八歳、吉田三三歳、小島君一七歳の絶妙の年齢層四人が、神奈備の社務所に集い、談論駆けめぐるという風景は、奇妙というか、不思議な味わいがありますね。

小島　あの昼下がりの時間は何という贅沢な偶然だったのでしょうか。今思えばたった一度きりで終わった奇跡でしたね。この日については奈良で出ていた小さな雑誌に「社務所の赤絨毯」（本書所収）という回想を書きましたので本書にも入れておきますね。私が大学に入るのは一九七五（昭和五〇）年で、立命館大学に行きましたので京都の下鴨に引っ越したんですが、それまでの約二年半、実にしょっちゅうお邪魔しました。吉田さんとも何回かお会いしましたね。東松ケ丘のお宅にも遠慮なく押しかけたことがありますし、手紙なども何回かいただきました。それよりも何よりも、『生駒新聞』という新聞を通じて、いろんなエッセイを愛読させていただきました。吉田さんの東松ケ丘のお宅、つまり「有涯堂」で何かしら思わせぶりに一冊の地方出版の本を見せていただいた記憶も残っています。

吉田　それは何の本でしたか。

小島　谷沢永一の『署名のある紙礫』の初版本[10]です。

吉田　その本は今も持っていますよ。谷沢の本はたくさん処分しましたが、それだけは捨てられなかったですね。

小島　あれから谷沢は書き過ぎましたね。でも『署名のある紙礫』の出た当時は谷沢がまだメジャーデビューはしていなかったわけで、型破りの書痴のかくれた傑作として吉田さんはすでに注目されていたのです。

ところで山崎先生の文筆活動や人生を通じた研究を振り返って考えてみますと、戦後直後『愛郷新聞』だったころから文筆活動を再開されるも、七〇年代に『生駒新聞』を舞台にして可能性が花開いたような気がするんですね。もちろん山崎先生は、晩年にも大変な量の文章を残されています（「山崎清吉著作目録」本書所収）。晩年に書かれたものも結構多く、しかも読み応えがあるんです。簡単に七〇年代を「全盛期」という言い方をするのは間違っているんですが、とにかく七〇年代は一つのピークであったと見て間違いないと思います。私たちは、『生駒新聞』という得難い地方新聞を通じて脂の乗った時期に山崎先生にお目にかかり、時代を共有する僥倖に巡り合ったことになるのかと思います。

今日の本題は山崎清吉と西本喜一という二人の文化人の業績をいろいろ考えてみようということなんですけれども、まずもって山崎先生とはどんな人であったかということを簡単に回顧しませんか。

山崎清吉の人となり

吉田　僕は先生と非常に密度濃くお目にかかっていたはずなんですが、今になって山崎先生がどういうことをしてこられたのか、略歴・経歴を考えても、不思議なことに何も知らないんですね。山崎先生も言われなかったし、僕も聞かなかった。家族とか自分の経歴とかいう話はまったくなしで、会えば必ずすぐ本論だったんですね。お会いするや議論風発というのでしょうか、古典なら古典で、記紀万葉を中心とする書物の中の問題とか、六国史の話題とか、そういう歴史や文学のトピックにいきなり入っちゃうんです。それに魅せられて、こちらもわからないところを聞いていく。そういうことをやっていましたから、どこでどういう経歴で宮司になられたのかとか、そんなことも何もわからず来てしまいました。最近になってようやく先生の出自を考え始めました。まずもって僕は「清吉」を「セイキチ」と読んできたわけですが、本名は「山本」で「清吉」は「キヨシ」と読むのです。

小島　改名されたのは入り婿に来られたと言うことで

すか。

吉田　その辺も伺っておけばよかったですね。

もうひとつ、とにかく山崎先生は宮司という存在で、わりと背丈もあって姿勢もよくて、しゃんと歩いておられるのを見ると、やはりちょっと近寄りがたい威厳が感じられました。昔の本物の貴族はあんなふうだったのかなというぐらい、ちょっと違った人のように感じていました。ところが、会って話をすると、余計なことはお話しにならず、こちらが今知りたいことをどんどん出してこられる。

風貌からいえば、ご本人が詠うがごとくにおっしゃったのは、「神を祭る者の目の容は涼しくあれ」と。山崎先生は切れ長の涼しそうな目なので、自分のことをおっしゃっているんだな、いい言葉だなと思っていたら、違ったんですね。「神を祭る者の目の容《すがた》は涼しくあれと、先人の教えはありがたきかな」と言われた。その「先人の教えはありがたきかな」を先生がつけ加えられたので、もとは神を祭っていく人の伝統的な言葉なのかなと思いました。

御供上げ神事の祭主を務める山崎先生

目の涼しさということと、もう一点、先生は声がちょっと高かったんですね。例大祭のお祭りの宵宮で神様に御供《ごく》を上げる「御供《ごく》上げ」というのがありまして、宮座はむかし一一座ぐらいあったそうですが、今は六座で、年に各座一人ずつ、六人が代表として選ばれ奉仕をしていました。これは順番がありますので、氏子でも一生に一度できるかどうかというぐらいのことらしいです。

小島　御供というのは何ですか。

吉田　お魚とか野菜、昆布、お米を三方に盛り、深夜に本殿の中へお供えします。翌早朝に下げられ宮座の座小屋へ配って、皆さん集まって直会《なおらい》が行われます。

神人共食をするんですが、そのお供えをするお手伝いに毎年必ず六人が選ばれます。そのとき「オトモ」として家族が一人付くんですが、実は僕も父親の順番のときに付いたことがあるんです。

一〇月一五日の例大祭の宵宮、深夜ですから寒かったんですが、僕は父の後ろに座っていて、先生が向こうで本殿に向かい何かやっておられました。じっとしていたら、突然ヴァイオリンの高い音色の長く尾を引くような音が聞こえてきたんですね。これはいい音だな、まさに深夜の森閑とした山から湧き出てくるようだなと思いました。でも、よく考えたら先生の祝詞の声なんです。小島君が「社務所の赤絨毯」の中でちょっと女性的な声だと書かれたのはそれだったのかなと思います。

それから、小島君は先ほど「脂の乗り切った」とおっしゃいました。『愛郷新聞』や初期の『生駒新聞』に載せられた原稿はかなり荒っぽいものが多かったんですが、それが煮詰められ、やがて独自な世界を創られた。さらに『生駒新聞』だけでなく奈良の『大和タイムス』（現『奈良新聞』）へも寄稿されて読者も全県的に拡大しました。口幅ったいようですが、われわれの寄与した面もあるんじゃないかと思っています。

小島　「山崎清吉先生と私」を拝見しますと、だいたい次のようになりますね。まず三重県ご出身で、大阪の現在の市岡高校を卒業された。孫娘さんによれば、関西大学を卒業後、現在の朝日新聞の記者に一時期なられた。その後ちょっとご病気をされて三重県のふるさとへ戻られ、神宮皇學館へ入学し、神職の道を歩まれた。卒業後に、大阪の生國魂神社で修行され、伊勢神宮でも修行されたようですが、伊勢神宮時代に今の高山八幡宮に何かのご縁で声をかけられ、ずっとご逝去されるまで高山で神職を務められました。だいたいこうした生涯を歩まれたのでしょうか。

私の意見を少しだけ申し上げますと、神職だけしか経験された方ではないだろうとは前々から推測していました。クロスオーヴァーかつ膨大な知識を持たれていたので、山崎先生は高等師範出身あたりの学歴をお持ちではないかと詮索していたんです。右から左へと日本の古典がまるで詠うように口から出てくるわけですね。博覧強記だったし、かならず独自な解釈を伴っていましたね。

もう一つ私の注目点は、高山八幡宮の社務所に置いてあったいろんな書物です。驚くべきことに、有名な『流動』という雑誌が毎号置かれていました。当時左翼関係者がよく書いていた総会屋が出した月刊雑誌です。『現代の眼』とともに七〇年代の総会屋論壇の代表的雑誌として歴史に名前を残す存在です(笑)。

吉田 『現代の眼』と言えば、小島君に前に教えていただいた車屋長吉の小説[11]の舞台ですね。

小島 そうです。総会屋のオーナー木島力也の話など大傑作でしたね。車屋は慶應の独文学科で吉田さんより若干年少(一九四五年生まれ)の方です。『流動』は『現代の眼』よりははるかに穏健で、「市民社会論派」と呼ばれたマルクス主義の立場の名大や一橋の大学院生あたりに偽名で書かせていたのではないか、と当時の私は推測していました。知的見取り図を描いたり、難解な論争を解説したりしていて、これはジャーナリズム史上画期的な内容で、後年のムック本の先駆としても再評価は進んでいます。[12]山崎先生は、高山でこんな「赤雑誌」を毎号読んでいるのは私だけだとおっしゃっていました(笑)。その横には江藤淳の『夜の紅茶』[13]があって、江藤は慶應ですから、吉田さんのご推挙で読まれたのではないかと思っていました。

吉田 僕の提案だったのかな。記憶にないですね。

小島 そうですか。私自身は後年に江藤を読むきっかけになったのも山崎先生のところにあった『夜の紅茶』でしたよ。ちなみに『論争』編集長だった大池文雄さんから江藤のエピソードを伺ったものでしたが、『夜の紅茶』と重なる時期で、個人的にこの本については格別の思い出もあります。いずれにしても山崎先生は神職のイメージを超えて知の裾野が広かった。これはきっとかなり高い学歴をお持ちで、国文学もしくは国史学を修められたのではないかと私は推測していたんです。私は間違っていたものの、戦前の神宮皇學館は足立巻一の『やちまた』[14]で回顧されているように高度な専門学校であったから完璧なはずれでもなかった。入試も難しく、さほどたやすく入学できなかったはずです。なるほどと思ったのは、新聞社にお勤めになっていたという点です。皇學館入学前に関西大学を卒業され、一旦新聞記者という立場から社会をごらんになってから神職を目指されたんですね。新聞記者であった時期、先ほど申し上げましたように、第一次世界大戦後の不況とともに日本社会は揺れ動いていた。しかも、大阪は急激に都市機能も膨張して「モダンシティ」となり、全国から労働力を集めて日本最大の工業都市としても急成長し、都市全体の三分の一から五分の一が今でいうスラム街でした。一九一九年、大原孫三郎が救貧事業の一環としてのちの大原社会問題研究所を夕陽ケ丘に設立された所以です。明治維新直後に五代友厚らの作った商業講習所もこの時期に大阪商科大学に昇格し（一九二八年）、次第に左翼アカデミズムの梁山泊に化して行くのもこの時期の大阪の知的風土を如実に物語っています。日本の社会問題の首都が大阪だった時期に、山崎先生は新聞記者の目線から日本の社会をご覧になっておられたんですね。この問題観に神道的なファンダメンタリズムを持ち込むと権藤成卿タイプの思想を生み出しますが、新聞記者としての現実感覚は柳田國男と高橋亀吉の中点を行くような方向軸を山崎先生にもたらしたと邪推します。ついでに言いますと、この時期の関西大学は夜学でしたから、山崎先生は昼間に大阪のどこかで働いて関大に学ばれていたとも推測します。仮説ながら、関大時代は学生と言うよりも実際に社会と関わった「悩める青年」であったとも推測します。

広く社会や文化に対するいろんな知見をお持ちになった末に、このままではいけないという危機感を募らせ、日本のあり方を深く憂慮され、日本の蘇生のためのマニフェストを求めて国文学や国史学を猛勉強なさったわけです。おそらくこの青春の苦悶の中でマルクス主義とも取り組まれたと想像を逞しくします。

山崎先生の学問

そこで、山崎先生の学問や文章についてまず私から口火を切らせていただきます。

吉田さんに「山崎清吉著作目録」（本書収録）を作っていただいたんですが、私がすぐ気づいたことが二つあります。一つは、タイトルが全部すばらしいことです。言葉に一家言を有する文士が徹底的に磨き上げて編み出したタイトルが並んでいると思いませんか。いいかげんなタイトルはただの一つもありません。どれをとってみてもそのまま詩になります。これは文学にかなり深い沈着をされた巧みの技で、この詩のセンスは西本喜一さんと相通じるわけです。

そういえば、後に書かれたいろいろなエッセイや随筆などに日本古典は言わずもがな、近代文学からは島崎藤村や谷崎潤一郎、志賀直哉それに芥川龍之介が出てきますでしょう。川端康成と横光利一が出てこないのも意味深長なところです。山崎先生は文学的モダニストではなかったわけです。いずれにしても一九二〇年代当時の文学とのかかわりが人生の出発点に刻まれていて、心の奥底にあった文学の志が、お書きになったエッセイのタイトルからうかがえると思うんです。あるいは宣長を仰ぎ見ていた先生は師に倣ったのかも知れません。どれをとっても磨きがかけられたタイトルで、吉田さんの作られた目録を見て本当に驚きました。

もう一つ、山崎先生の書かれた文を再読しますと、同時代の国史学者やいろいろな評論家の業績を随分読まれている点にすぐ気がつきます。折口信夫、柳田國男は言わずもがな、和歌森太郎、肥後和男、直木孝次郎、鳥越憲三郎、地方史研究では高田十郎、水木要太郎、堀池春峰、笹谷良造、松本俊吉、その他の若手研究者の業績なども結構読まれています。「あんな醜男は滅多にいないね」と言いながら松本清張の古代史論や梅原猛も論じられていましたし、万葉学者では佐々木信綱、高木市之助や犬養孝など、当時の最先鋭であった研究者の名前がぞろぞろ出てくるわけです。きちんと学問研究の水準をフォローした上で独自に咀嚼して自分の世界に組み込まれ、郷土の歴史を書く人によくある研究界無視や独善とは正反対の態度なのです。個々の見解は一応措くとしても、学問の方法を土台にして論を組み立てておられ、牽強付会や独断の類いは山崎先生のもっとも忌避された逸脱でした。実証主義史学の徒として、その手法は徹底的にオーソドックスでもあったと思います。山崎先生の論及された研究者一覧を作ったら三〇年代から戦後にかけての重要な国史研究者や国文学者の名前が揃うと思うんですが、間違っているかも知れない詮索を言わせてください。私は文章をほとんど全部再読しましたが、山崎先生が読んでいるに違いないにもかかわらずまったく名前の出てこない人物がいるんです。吉田さん、誰だと思いますか。

吉田　誰でしょうかね。

小島　答えを言ってしまいますと、まずは和辻哲郎です。山崎先生は、影響を受けたかどうかは別として、絶対にかなり詳しく読まれていたと思います。実際本棚におそらく戦前版の『古寺巡禮』一冊があったのを覚えていますが、全然その名前に触れていません。

考えてみれば、山崎先生がテーマにされた日本の古代文化や古代史そのもの、そして日本文化に対する先駆的な業績を残したのは、第一に和辻哲郎なんですね。おまけに、先生の若き日々、和辻哲郎は論壇の寵児でした。一九一九（大正八）年に『古寺巡禮』を書いて大ブームを呼び起こしますし、一九三〇（昭和五）年に京都帝国大学教授に就任し、山崎先生が関西大学を出て大阪の朝日新聞で記者をされ、さらに神宮皇學館で勉強をされていた青春の真っ最中に、日本の古代文化を扱う無二の気鋭でした。

読んでいるに違いないにもかかわらずあえて論じていないというとき、精神の構えとしていくつかあるんですが、おそらくは敬遠ではないかとも推測します。といいますのは、和辻哲郎の名前が出るとすぐ西田幾多郎を連想するんですが、西田については初期の文章の中で触れられているんです。にもかかわらず、西田よりもっと山崎先生の世界に近い和辻が出てこないというのはおかしい。

和辻は日本精神なり文化なりをヨーロッパの概念で再構成し、ヨーロッパの近代的世界観を超える思索の可能性を展望します。和辻の帝国大学講義を再編集した『倫理学』（一九三七〜四九年）はその思索の決定版ですね。山崎先生の場合は、そうした発想そのものは違和感をもたれないはずで、実際には似た論理に接するのです。ただ「敬遠」したと推測したのは、和辻の議論は正しく関係主義的な人間観を日本的文化や社会の本源的要素と把握しているものの、なんと言えばいいのでしょうか、どこか上の方から世界を達観して比較分析するような視点を持っているのです。『風土』（一九三五年）に収録された諸論考などは文化論というよりも文化の解体論ですし、ハイデッガーに内在してのみその意義は明らかになります。もっと社会そのものに密着してものを考えていた元新聞記者にとっては、達観した分析でなく、とにかく目前の人間をどうまとめ直してゆくかという希求こそ肝要であった。もしかすれば和辻のロジックはマルクスの社会認識にもとてもよく似ていると見抜かれた可能性も持ちますが、これは読みすぎでしょうか。何よりも日本文化を分析的に論理化する思索そのものは、論理以前の予定調和に精髄を見る『直毘霊』の主張とは相対立してしまう。気分は理解するが和辻のがっしりした議論はなかなか難攻不落なのでとりあえずパス。この辺が実態ではなかったかなと邪推いたします。

吉田　なるほど。和辻についての言及は確かに記憶にないですね。

小島　和辻のような厳密さを持った論理から真っ向から来られると、山崎先生は本質的に「詩と文」の人ですから、敬遠せざるを得ません。戦後に開花する独自な随筆世界と実証的歴史研究を読むにつけ、山崎先生は和辻とは「すれ違う」人物だとは思います。ただ『人間の学としての倫理学』（一九三四年）あたりは精読されていたと推測しています。おまけを付けますと慶應義塾にいた川合貞一[15]なども山崎先生はたぶん読まれているはずなのに論及されていないのは「すれ違い」意識による敬遠だと思います。

吉田　和辻は京都学派の哲学的基礎を作る人物の一人であるわけで、山崎先生の日本主義論などに深いかかわりは見られませんでしょうか。僕は戦前の自己への反省の言葉を何度も本人から聞きました。

小島　私もです。日本主義というところには山崎先生は着地するのですが、西洋的「社稷」から異質な日本的「社稷」を論じられないのと等しく、日本主義から西洋の文物を批判できないし、いわんや「超克」などできない。超克するためには構造的に同一でないとロジックは成り立たないので「近代の超克」的論理は自己矛盾以外の何者でもありません。日本主義は西欧近代知の特質たる分析的知性に対置された存在ですから、分析的克服は自己撞着以外の何者でもありませんん。従って山崎先生には京都学派もどきのタームの使用例はきれいさっぱり皆無です。おまけに『原理日本』風の「自分の思想以外全部拒否」でなく、山崎先生の場合、「神道は分析、つまり分割できない人間的自然そのもののあり方だから、理論なるものを全部統合したら神道になる」とでも言いたげで、ファンダメンタルに固執もされませんし、左翼思想を批判しても論駁よりも「問題点指摘」に近い穏健な筆致を取られます。神道論はまた別に話し合いましょうか。論争的なタイトルを持つ『日本精神史観と唯物論—史的唯物論を語る—』でも一応批判相手の思想を内在的に読んだ上で議論をしてみようとする姿勢は貫かれていますす。マルクスやエンゲルスの翻訳文も切り張りをせずに長々と引用されておられ、まずは「言うことを聞いてみよう」とでも言われているかの如くです。異端審問的な文言も皆無ですし、特高官僚の文献も引用しながらも外在的に弾圧する論理も含まれておらず、思想としては「セーフ」です。でも時局に棹差しかねない危うさを後年になって深く反省されておられたのではないでしょうか。この辺は専門家に聞いてみたいところですが、日本主義を突き詰めるとアジア主義などご免だという議論は宣長の衣鉢を継げば出てくるはずで、戦前の戦争推進をした論理を批判する論拠にもなりませんでしょうか。山崎先生について深い部分は杳として知れないものの、戦中の沈黙はもしかしたらそうした態度だったかも知れません。

吉田　紀元二千六百年式典の一環として山崎先生が参加された「肇国精神研修神職講習会」の報告というか旅行記を『随想録 古代 日向ぢの旅』（一九四〇年、私家版）として上梓されていますね。僕はこの冊子を山崎先生からいただいて大切に持っています。よくぞ短期間に九州・和歌山・伊勢を廻ったものですが、とても物々しいタイトルの講習会ですね。

小島　この冊子は戦後『生駒新聞』で面目躍如となる詩文・歴史紀行エッセイの走りですね。講習会では時局的な話を聴かされたはずなのですが、山崎先生の筆を持ってすると遠路はるばる文学と歴史を語るために旅をした話になってしまいましたね。たぶんですが、紀元二千六百年式典事業で「肇国」つまり神武東征の事蹟を官選してしまったために惹起した齟齬を調整することがこの会合の目的ではないかと思います。「聖蹟」の選から洩れた各地の若手神職者は腹を立て火花を散らしていたのではないでしょうか。山崎先生が選

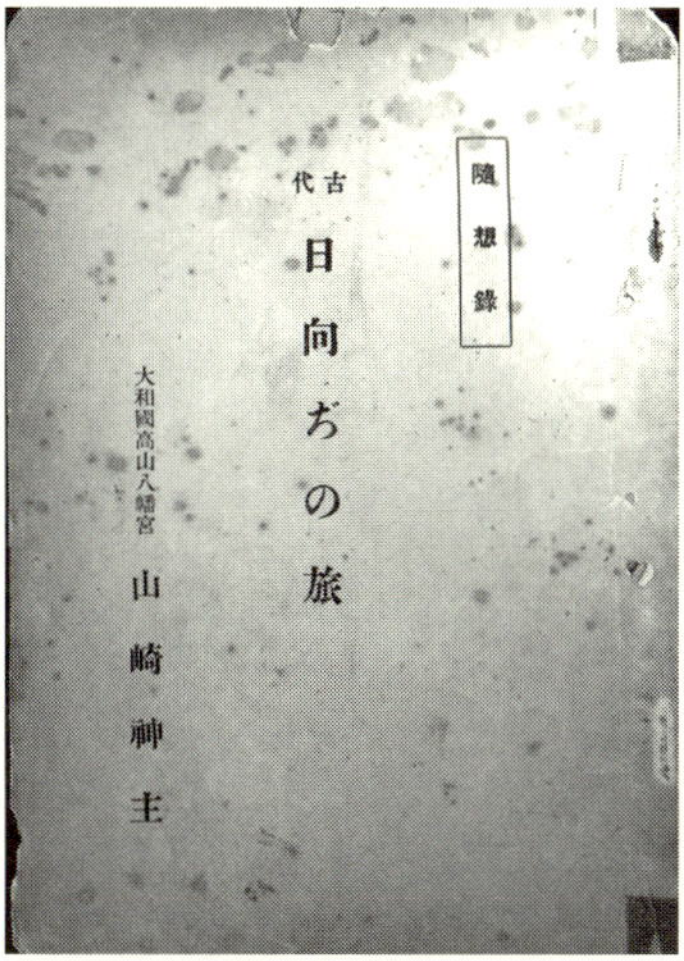

山崎先生戦前最後の著
『随想録 古代 日向ぢの旅』表紙

ばれたのは「金鵄発祥地」を北倭に官選された経緯と関係を持つかもしれません。この冊子は旅行資金を醵金した方々などに配布するために印刷されたのではないでしょうか。

吉田　「大和國高山八幡宮　山崎神主」と明記されるも発行所の記載がないのは確かに配布目的の印刷だと見られますね。これが山崎先生の戦前最後の著述になるわけです。これ以降、長い間にわたって筆を折られる時期を迎えます。

小島　その点も山崎先生の知的人生を考える重要なヒントになります。おっしゃるように四〇年代には翼賛的な言動をされるわけでもなく、少なくとも活字として残されているものは皆無です。日中戦争が昂じるのみか連合国との戦争に突入して戦死者が出てきたりすると、山崎先生は心を傷つけられておられたのではないでしょうか。山崎先生の日本主義からは好戦論はどこからも出ませんので内心は穏やかではなかったと察します。だいたい宣長もし昭和に生まれなば、おそらく津田左右吉と一緒になって大東亜共栄圏など絶対にご免被ると言い始めるに違いないですから。

吉田　『生駒新聞』の「きょうのかお―高山八幡宮宮司　山崎清吉さん（89）」（「山崎清吉先生と私」に引用）という記事で「感銘を受けた本」は何かという問いに対して「日本六国史、昭和一五年発行で市内でも一〇冊もない貴重な本です」と答えられています。

小島　今ではＮＤＬ―ＯＮＬＩＮＥという国会図書館のサーチエンジンなどを使うと出典を一発で確定できます。以前その話について吉田さんからうかがってから私はすでに調査しておきました。まず『日本六国史』のタイトルでは出版はなく、戦前には他に『六国史』シリーズの刊行を見ない事実からすると、それは佐伯有義編で出た朝日新聞社版の『六国史』（一九二八〜三一年）ではないでしょうか。なるほど！今思いつきました。吉田さん、その「一番影響を受けた」のは朝日新聞社版の『六国史』の註解もさることながら、編者の神道学者・佐伯有義その人ではないでしょうか。佐伯有義は『古事類苑』の撰者の一人としてあまりにも有名ながら、神道史家としての側面は忘却されがちで、『大日本神祇史』（國晃館、一九一三年）を書いた國學院の教授を務めた人物です。佐伯版『六国史』のうち『日本書紀』はまさしく「昭和一五年」に出版されていて、幸い今では国会図書館でデジタル化[16]されているので自宅のパソコンで読めます。

おかしな表現を承知の上であえて言わせてください。佐伯の神道理解は「神道版・憲政の常道」とでも表現すべき「神道国家機関説」なのです。別の言い方をすると、神道を宗教やらイデオロギーから脱色し、今流に言うと「国家の面目」＝「国家の存在理由」の領域に中性化します。これは一五六八年のトランシルヴァニアの「トルダ勅令」に次いで世界史上二番目と言われる大日本帝国憲法二八条での「信仰の自由」規定と厳密に合致するという意味でも「憲政の常道」と評し得ます。これは宗教でもイデオロギーでもない代わりに、いろんな宗教やイデオロギーで展開もされてよく、神道理解におけるキリスト教の影響から黒住教や天理教など「教派神道」にもきちんと目配りします。佐伯によると神道は宗教ではないからファンダメンタルな原点というよりも関係的に目指すべき「国家の面目」だとなるわけです。あえて言えば佐伯の対局にある理解は当時飛ぶ鳥を落とす勢いだった東京帝大の平泉澄の神道論で、これはイデオロギーとしての皇国史観をほぼ完成したコンテンツを持っています。さもあらんや、山崎先生が「読んでいるのに触れていない」いま一人の人物は平泉、そしてもっと本源的な意味を持つのは平田篤胤です。復古神道は一種の一神教秩序に倣った宗教化を目論んだプロジェクトです。これらに屹立し、リベラルと言うよりもむしろ近代的な宗教化から神道を相対化した「神道非宗教論」こそ佐伯の真骨頂でしょうか。

吉田　それは山崎先生のいつも語られていた神道論に近い内容ですね。確かに平泉についても篤胤についても山崎先生の口から肯定的に論及されはしません。この辺の議論もきちんと聞いておくべきでしたね。佐伯有義を大きな「師」と仮定しておくとして、先の和辻以外にも山崎先生に大きな影を落としている学者や文化人はいませんでしょうか。

小島　触れられるべきにもかかわらず触れられていない名前としては村岡典嗣もその一人です。村岡は本居宣長の研究の大先駆者で、一種の解釈学の伝統を引く大正時代の思想史学者です。東北帝国大学の日本思想史専攻の創始者で、ちなみに古田武彦も村岡教授の講筵に列した学生でした。村岡典嗣の宣長論は、宣長の『直毘霊』を思索の帰結でなく「変態」として捉えてゆく構図になっていて[17]、これは今では誤読されかねないレトリックに満ちています。のちに羽仁五郎は村岡の「変態」を中途半端な言い方であると批判して「挫折」もしくは「失敗」と捉えるべきだと書いていますが[18]、これも誤読の典型例です。「変態」とは何か？村岡は論理が横滑りして別内容になったという認識で大正時代の流行語であった「変態」(Metamorphose)[19]を使っているので、思想内容の「劣化」を云為していません。変態を質的転化、または劣化と把握する羽仁の議論は丸山眞男の『日本政治思想史研究』[20]の有名すぎる「日本近代思想の停滞」論のプロトタイプになったと思います。要するに羽仁式に村岡を読むと宣長の真骨頂は実証主義的文献学になりますが、村岡は後期宣長を論難しているわけでもないのです。例はよくないですが、ジキルとハイドは「変態」であって、どっちも確たる人格です。価値的に好悪は言えますが、優劣は付けられませんし、いずれが「本質」なのかという問いかけは無効です。初期と後期の宣長を「変態」と把握するのはそうしたニュアンスです。これを「宣長問題」とキャッチコピー化したのは子安宣邦氏のアイデアで、相互に対立する知的態度が併存し「どちらが本質」かという問いかけをすり抜けてしまうから連立方程式の「問題」たりうるのです。

山崎先生は『直毘霊』を宣長のエッセンスととらえる、古典の実証研究でなく復古神道の部分を宣長の到達点と理解しながら、ご本人は徹底的に実証主義者なのです。つまりは後期宣長から出発しながらも初期宣長と対立を起こさずに、「宣長問題」に一つの寛解を示したケースだとも見られます。村岡に関して言えば、もしかすれば羽仁的に村岡を読まれてパスされたのかも知れません。先ほど佐伯有義の神道とキリスト教の関係への着目を述べましたが、村岡は平田篤胤と『創世記』の関係についての有名な論文を書いていますね。

ところで山崎先生の原稿として残っている初期の著作の一つに『共同思惟の形式における神道の特異性』という草稿があります。これは同じ年、すなわち一九三〇（昭和五）年にペンネームまたはスポンサーの松本貞二郎（ドクトル松本）の名前で出された『新釋　日本神典及神ながら之道』という書物の宣伝文みたいな内容になっているんですね。この未刊原稿成立の一つの可能性は、おそらく未完に終わった『古事記新釋』の解説文として書かれたとする推測です。ちなみに「松本貞二郎」とは誰でしょう。

吉田　松本は上本町六丁目で開業していた医者です。生國魂神社の目と鼻の先ですから、皇學館を出られてから当地に赴任して知り合われたのでしょう。私の聞いたところでは、仏教にも造詣の深い医師で、ドクトル松本の仏教書のコレクションを山崎先生は借りて読み漁ったそうです。道理で仏教にも先生は詳しかったと納得しました（「山崎清吉先生と私」参照）。

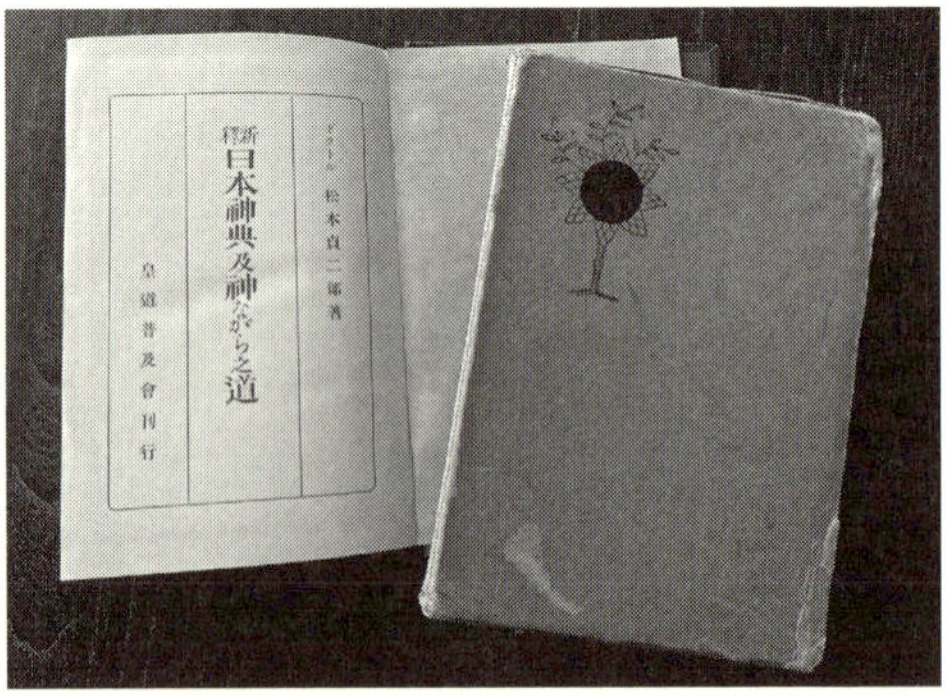

『新釋　日本神典及神ながら之道』

小島　なるほど、「ドクトル松本」の謎は氷解しました。『古事記新釋』については『新釋　日本神典及神ながら之道』の巻末に広告文があり、間もなく出版されます、振替は何番で値段は何円ですといったことが書いてあります。実際に何らかの形で発表されたのかどうかは私たち二人の調査ではまだ出てきませんよね。時に、興味津々なのはこのタイトルにある「思惟」という言葉で、これは三〇年代、つまり昭和一〇年代ぐらいにとても流行った言葉であった事実です。岩波書店から雑誌『思想』が創刊されるのが一九二一(大正一〇)年、一般的にこの言葉は旧制高校以上のハイブロウ・カルチャーの世界では根づきますが、三〇年代になると赤白の色がつき始めます。その時期にヨーロッパで台頭したフォルマリズム批評が、ルカーチとかフランクフルト学派のボルケナウを介して日本にも影響し始めます。実際に邦語訳も出版されてよく読まれました。このフォルマリスト批評が思想のコンテンツでない形式《フォルム》を「思惟」として把握するわけです。山崎先生も触れておられた高木市之助[21]という国文学者がこのフォルマニズムの影響を受けています。面白いのは高木を経由して石母田正などマルクス主義歴史学者も影響を受けていますし、林屋辰三郎の芸能史、とくに初期の名著『歌舞伎以前』[22]などにも影は落ちています。おまけを加えると、フォルマニズムはマルクス主義と絶縁し、戦後日本では吉本隆明、そして磯田光一の文芸批評に継承されます。そして吉本が「ニューアカ」の「神」に祭り上げられたように、八〇年代以降はポスト構造主義に包摂されてしまったわけです。

ただ、この三〇年代の使い方と山崎先生がタイトルに使われた「思惟」とは関係なく、おそらく「思想」には当時左右の「色物」のイメージが付いてしまったので避けたのでしょう。神道を「宗教思想」と理解したくない山崎先生にとって概念にこだわって誤解を避けたかったと推測します。ではどこから「思惟」は来たのか。一つは仏教に「思惟」という言葉がありますが、「しい」ではなくて「しゆい」と読むんですが、要するに無を体感するというような仏教用語です。でも、明らかにこれでもありません。じゃあどこからなのか?何と、芥川龍之介がこの言葉を好きだったんですね。倉田百三もです。山崎先生が若き時代に接した芥川と倉田の愛用した言葉が、期せずしてこの初期の原稿のタイトルに現れているのではないか。要するに文学で言えば『新思潮』あたりまでが山崎先生の受容の境界線で、それ以降のモダニズムの諸形態には距離を持たれていたのでは…。

吉田　興味深い指摘ですね。ところで前からの疑問に何気なく小島君は一つ答えてくれました。山崎先生は

『古事記』の新釈本を出版されたと書かれておられましたし、個人的にも伺ったことがあるのですが、僕はどんなに探してもその本が見つからない。その『古事記新釋』は未完の可能性を持つというのですね。

小島　私はそのように推測します。いつか「先生の古事記の注釈本は今もお手元にあるのですか」と窺うと「これです」と奥に入って取ってこられ青い色の上製本を拝見させていただきました。でも最近、国会図書館のNDL-ONLINEや公共図書館や大学図書館の横断検索でも出てきませんし、國學院大学の「古事記学センター」のサーチエンジンでも引っかからないのです。想像ですが、この新釈本はさっきの『新釋日本神典及神ながら之道』の第一部のことではないかと思います。私の記憶にある本もまさにこの本の体裁と一致します。あるいは第一部の抜き刷りを山崎清吉名で作って配布されたのかも知れません。

吉田　『新釋　日本神典及神ながら之道』については山崎先生から話題にされたことも記憶の限りないですし、やはり戦後はこの時代について韜晦されていたのでしょうか。

小島　山崎先生の戦前の日本主義論の公刊著作は「山崎清吉著作目録」を見ると『新釋　日本神典及神ながら之道』以外に、『日本主義理論の検覈：祖国日本を見直して』（大日本錦皇社同人名義）も存在します。

吉田　『日本主義理論の検覈：祖国日本を見直して』は思想史的にどんな特質を持ちますか。

小島　ごく一般的に言って、山崎先生の論の組み立ては『荘子』の「天下」論のロジックにとても似ています。それによれば完璧な世の中では言語的な基範は不要であって、世の理論諸派は「完全な状態」の崩壊後に一面的な真実を組み立てた不完全な議論に過ぎないとし、儒学なども批判してゆくのです。つまり日本古典に重厚な哲学を欠くのは「惟神の道」を体現していたからで、ことさらに理論的分析は不要であったからだと把握するのです。最近の国学研究では、この部分に関しては宣長の言語論を形成した契機になったのではないかと言われたりしています。[23] 実際に太宰春台を批判する中で宣長は儒家の論敵であった荘家を取り込み『直毘霊』で似た議論をしています。宣長にとって老荘のアナーキスティックな天人論は「からごころ」ではなかったわけです。山崎先生も『荘子』のオリジナルでなく宣長的な理解を経由して「天下」論的ロジックまたはアンチ・ロジックで「惟神の道」を弁明されていると察します。ただこの「天下」論の良い点は、あたかも『コーラン』における「啓典の民」、つまりユダヤ・キリスト教徒への眼差しと等しく、「不十分な認識」を批判しても排斥しない点です。山崎先生の寛容な教養主義もここから説明できなくもありません。さっき「全部統合したら神道になる」と山崎先生の議論を寸言しましたが、この思索はここに起因します。

この時期に新進気鋭の論客としてかなり売り出し、『東京萬朝報』でも論陣を張ったとご自分で述懐されておられるところからすると、戦後に韜晦されたかった部分もないわけでもなかったとは推測するに吝かではありません。『日本精神史観と唯物論―史的唯物論を語る―』（山崎清彦名義）の自序冒頭では「準日本主義昂揚の実践運動に携わるやうになってからもう早くも五年の月日を閲した」と書かれています。この文だけを読むと何か社会運動でも始められたような印象を持ち、もしかすると著作の出版母体となった「大日本錦皇社」の創設に関与したということでしょうか。この団体の実態は不明ですが。おそらく勉強会を数歩も出ない組織だったと推察します。もっとも近畿の各種新聞を読みこんで、将来その全貌を解明する仕事は若手の研究者に期待するのみです。いずれにしても言論の内容そのものに関しては、韜晦の必要性をさほど感じませんね。

吉田　「史的唯物論批判」はどんな論理でできているのでしょうか。

小島　その論理に内在してものを考えた人間として寸評を加えましょうか。この冊子はその中でも引用されている高畠素之の『マルクス十二講』（新潮社、一九二六年）の祖述から成り立っているような気がします。おそらく文中に引用されている『反デューリング論』や『資本論』の翻訳を山崎先生は読まれたとしても胸に落ちなかったと思います。内在的に理解しようとされてはいるのですが、今ひとつ靄のかかったはっきりしない要約になっています。これは共感するかしないかとは違った話です。おまけに売れまくった河上肇や福本和夫、そして入手する気になればそう難しくもなかったコミンテルンの翻訳文書も参着されていません。ただ日本の議論になると引用文でも××（伏字）を付けないといけないので回避されたのかもしれませんし、さすがに神社の社内で「天皇制打倒（ただし××で伏字）」の文書を読むのは憚られたかな（笑）。いずれにせよ失礼ながら、当時のマルクス主義の論理を内在的に把握されることには失敗していて、何のことかわかりませんし、飛ぶ鳥を落とす王道であった「講座派」理論についての寸評もありません。その混沌の中から一つだけ救い出すことができるのは経済決定論批判、そのコロラリーとしての無神論批判です。よく俗流のマルクス理解に文化など上部構造は経済的土台の反映に過ぎず、宗教など階級闘争を隠蔽するイデオロギーだ、とするステロタイプがありますね。この手の教条的理解を駁撃されているわけです。公平に言っておきますと、山崎先生はマルクスやエンゲルスの文章をきちんと引用して、両者のニュアンスはかなり異なる点も指摘されています。エンゲルスは教科書的な土台＝上部構造論に読めるもマルクスはそうではないから両者には齟齬を見て取れるとする論点です。これは当時の平均的左翼よりは正しい慧眼で、戦後のマルクス研究で大きな注目を受け、アルチュセールとか日本では廣松渉によって実証的に究明されるのです。これも原文をきちんと読むという山崎先生の基本姿勢の然らしめた指摘と言えるでしょうか。

急いで補足しておきますと、福本和夫の理論的著作などは当時の高学歴インテリにとってもチンプンカンプンでした。ずっと後年の論述ですが、ギリシャ神話について縷々説明をされた後「この闘争観はやがてギリシャに弁証法を生むことになる。即ちプラトンからフィヒテ、ヘーゲルを経て、あの左翼的な思想となったことはご案内のとおりである。唯物論的弁証法はギリシャ神話に端を発する」[24]などの文章を読むと、かなりいい線を行っていると改めて感心します。

ところで吉田さん、宣長の「からごころ」ですが、宣長を徹底的に読み込まれ、文章での引用も多かった先生にしてはまったく使用例はありません。また漢詩が山崎先生は大好きで（笑）、『朝日新聞』の記事に読み下し文の助詞解釈の訂正についてとても嬉しそうに文を綴られています。そもそも「からごころ」という言葉を山崎先生が使用されていますでしょうか。

吉田　まったく記憶にはないですね。『玉勝間』などは『直毘霊』と並んでよく引用されていますね。文章にはありませんし、お話の中でも「からごころ」など聞いたこともないくらいですね。

小島　「からごころ」は儒学思想、または中国由来の考え一般でなく、宣長にとって当初は今の日本語で言えば「教条主義」とか「大学の先生の翻訳調の高尚なご意見」のような意味だったと思います。長谷川三千子が『からごころ』（中央公論社、一九八六年）を書いて「敵」を指すコトバだとしたのは曲解もしくは逸脱です。宣長は松阪の薬医でしたから当時の在野学究ですね。儒者の建前論を嫌悪した点で徂徠学者と同じ空気を吸っていたとは丸山眞男以来よく言われます。山崎先生の場合は、マルクス主義がその「からごころ」に該当する批判対象ですが、ピンときませんので使用をされなかったのでしょうか。というよりも「からごころ」という言葉に入っている排外主義的ニュアンスを避けられたのではないでしょうか。「からごころ」を一切語られない反面、宣長の『直毘霊』を「最高傑作」と称揚されながら、先ほども触れましたように篤胤についてはほぼ無視をされるか語られないのも意味深長です。

吉田　よく読むと著作には引用は散見されるのですが、篤胤についても聞いたことは本当になかったですね。対立すると思しき思想にも寛容でした。「からごころ」をキャッチフレーズにして違った考えを排除する雰囲気はなかったですね。山崎先生の読書はそれこそ後年は赤雑誌『流動』も毎月取られていた（笑）わけです。どんな批判があっても『朝日新聞』を愛読され続け、産経も含めて（笑）他紙に変えようとはされたこともなかったです。朝日の記事は穴のあくほど隅から隅まで熟読されていました。『生駒新聞』のエッセイでも朝日の文化欄の記事は実にしょっちゅう議論され引用されていました。

小島　『朝日新聞』はよく言われるように反体制でなく体制的でしかも本流に近いですしね。宣長と山崎先生の似ているのは、お二人ともに和歌が大好き、おまけに自分で作られる和歌は駄作が多い（笑）。でも神職にありながら復古神道とは異なる色彩を帯びていた。ところで山崎先生の学問を吉田さんなりに展望されて、いかがですか。

山崎清吉における神道

吉田　学問といえば、今おっしゃったようなこともさることながら、むしろ神社を預かる身であったことが思い出されます。ただ、山崎先生は、神道ということを出されることはあまりなかったんですよね。最晩年の思い出話の中で、神社は宗教じゃないからとおっしゃっていて、そういうことならわからないこともない。佐伯有義の話はとても興味深く、宗教として神道を理解しない背景も見えてきました。「山崎清吉著作目録」に幾つかあがっている戦前のものを今回眺めてみて、これは何なのだろうと考えたぐらいのことで、山崎先生の話の中ではあまりそういうものについて聞いたことがありませんでした。ただ、文学的なベースというのは感じていました。先ほどおっしゃったように、例えば島崎藤村の「春の車駕」の詩を『春の車』の出典として出されたりするので、この先生はロマンの人なんだなと素直に感じました。そこから考えていくと、神道と思想的なものとの結びつきがよくわからなかった。本当に戦後ぷっつり「惟神の道」を語ることをやめられましたからね。

地鎮祭での山崎宮司

小島　山崎先生が初期に書かれた戦前のものを拝読しても、少なくとも戦争を煽ったり賛美したりしている部分は一つもありません。そしてマルクス主義さえも批判はされても排斥や糾弾は一切されていません。

吉田　確かに時局に便乗した形跡はないですね。

小島　ちっともないんです。山崎先生は、例えば「共同思惟の形式における神道」とか「惟神の道」とか「皇御国」とか、今から見ると一見物騒なというか古臭い言い方をされています。でも時局の波に乗って戦争を煽り立てるとか扇動するとかいうのとは、そもそも違う系譜だったと思います。あえて言えば折口信夫が自らの学問を「新国学」と称していたのを想起します。戦後ずっと自ら積極的に往年の回顧をされませんでしたが、山崎先生は実は一貫してそのお考えを維持し続けていたんですね。

吉田　「神道は宗教ではない」という信念は生涯変えられなかったし、時局的認識とは距離もあったから変える必要も感じられなかったのですね。そして『流動』に至るまでの多様な考えや文学にも寛容な文人であった本質部分と矛盾しない、むしろその土台になっていたと考えられるわけですね。

小島　なお『新釋　日本神典及神ながら之道』の議論の中心は古事記神代巻に登場する「神々」を秩序付け、その世界理解から「現前」を位置づけるというものので、この本はそのためのガイドブックのごとき構成になっています。それを象徴する図解をここで眺めましょうか（次頁参照）。

吉田　今までの議論に加えますと、僕は山崎先生にあるとき、神道とは何ですかと伺ったことがあります。先生はスラッと「中今かな」とおっしゃって、イノチとライフの比較論が始まりました。宣命の中に出てくる言葉ですね、『続日本紀』にある文武天皇の「宣命」が最初とされていますが、「…高天原に事始めて、遠天皇祖《とおすめらぎ》の御世、中今に至るまでに、天皇が御子の現れ坐さむ、弥継継に、大八島国知らさむ次と…」に中今が使われています。宣命には「…らま」といったヘンな言葉も多い。宣命も詔も天皇の命令ですが、詔は漢文で書かれた文書になっているのに対して、宣命は口頭で宣布するのをそのまま表記しており、いわゆる宣命体です。当時の話言葉をよく遺しているといわれています。また宣命の文体は祝詞に似ていますが、宣命が万民への言葉なのに対し、祝詞は神に対するものです。中今は一語であるとか、中と今に分けられるとかうるさい議論がされてきたようですが、山崎先生はさっと明快に、イノチとライフは違います。イノチは永遠、この中に支那思想は入っていない。「中今」と

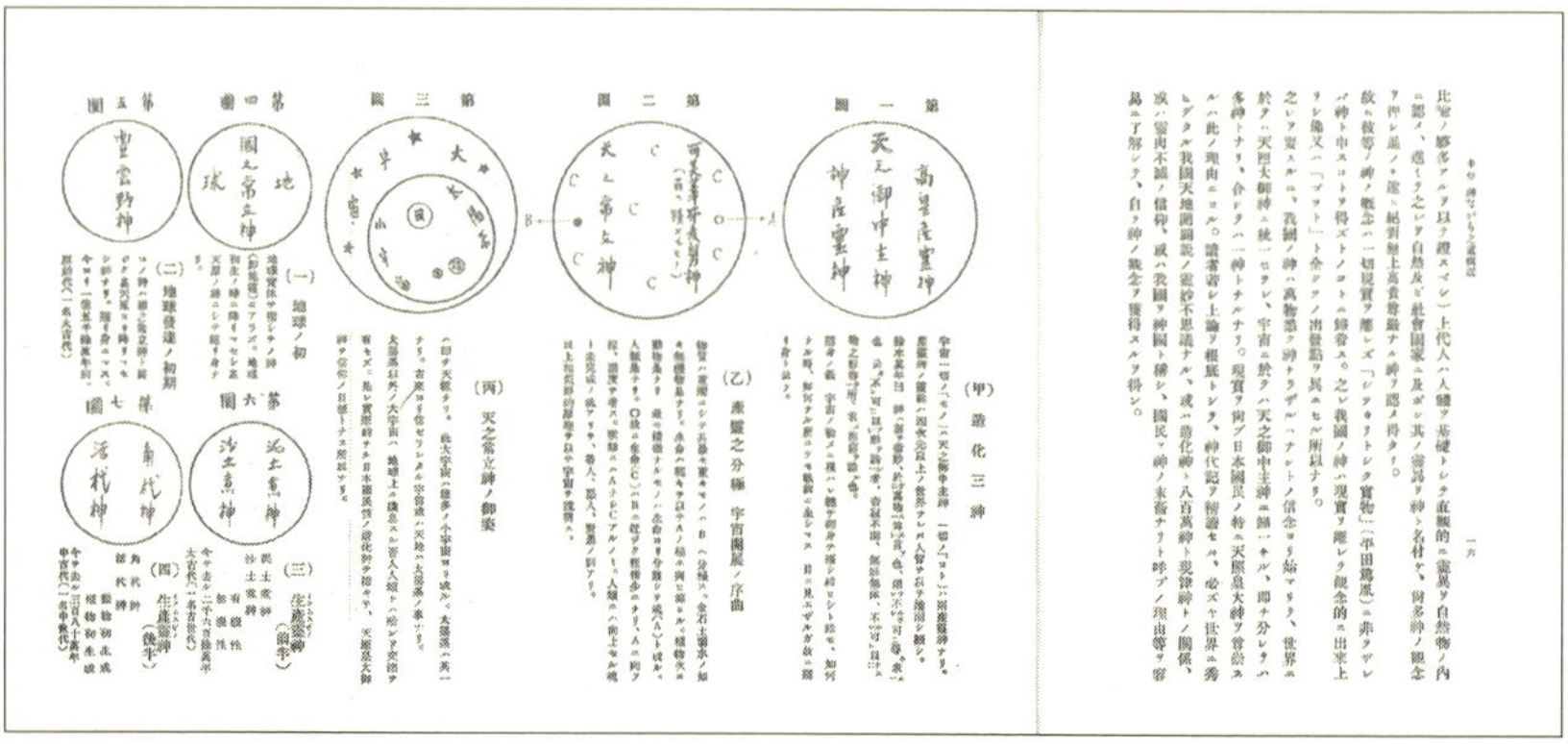

『新釋　日本神典及神ながら之道』図解１

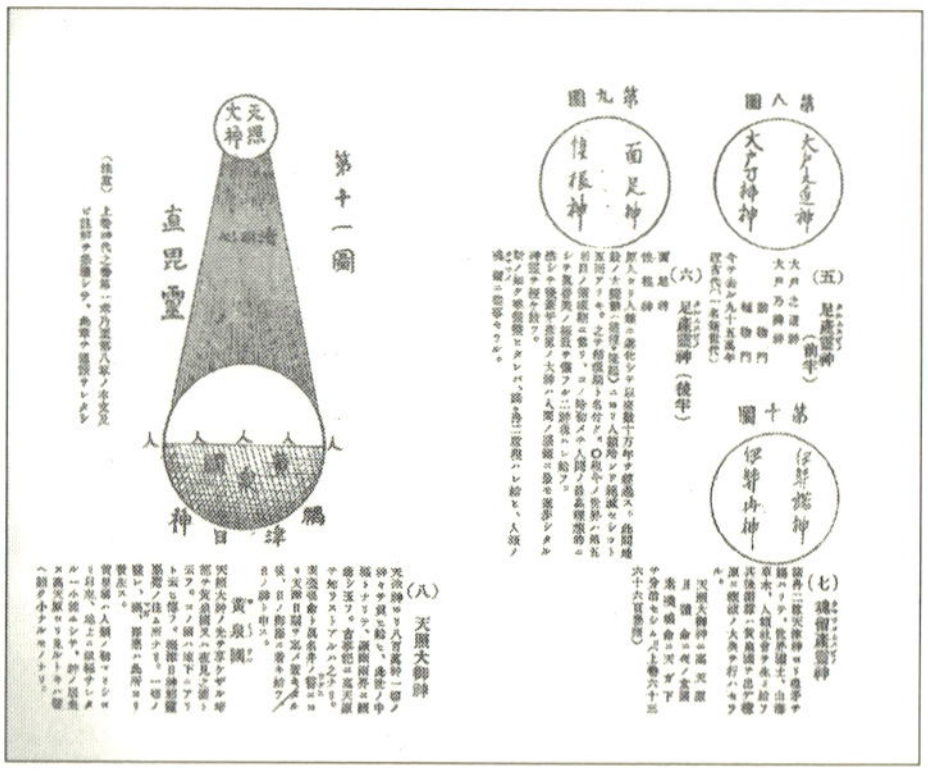

『新釋　日本神典及神ながら之道』図解２

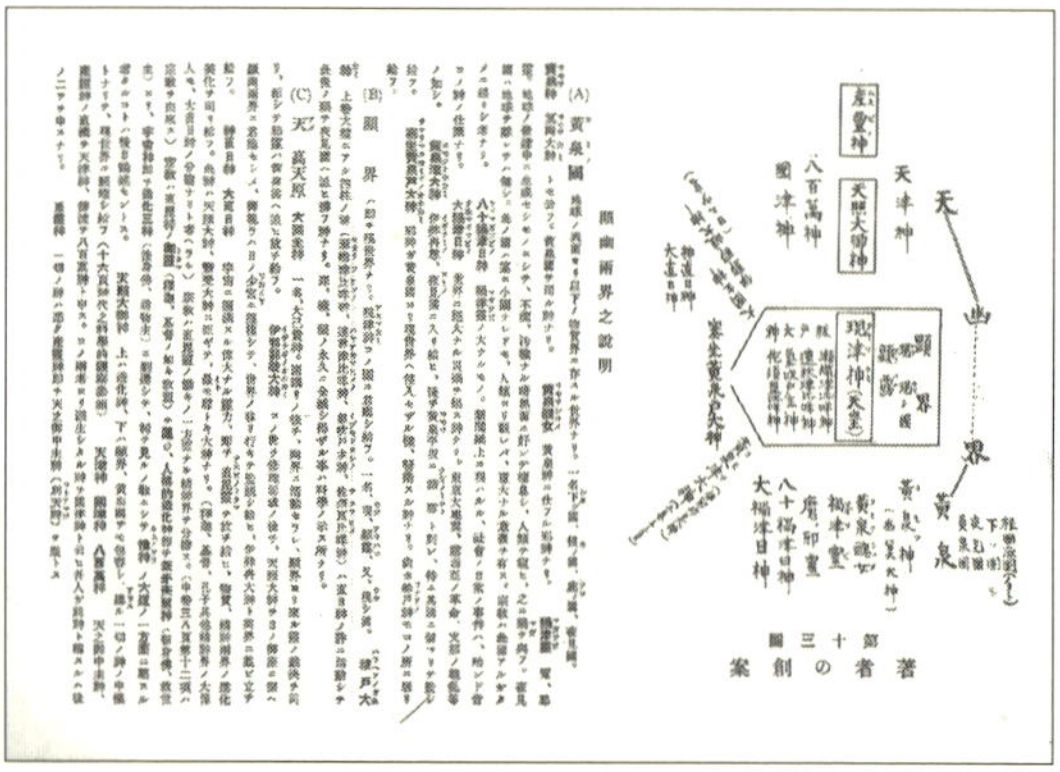

『新釋　日本神典及神ながら之道』図解３

は、今の中心、オールナウに生きる、これがイノチです。毎日がフレッシュ、命ある限り、救済されることより自らが進む、朗らかさです、とおっしゃっていました。断片的ですが、妙に納得したものです。宣長は単刀直入に「中今とは今を云ふ也。後世の言には当時《いま》のことを、降れる世、のちの世なぞいふはよろしくもあらぬいひざまなるを、中といへるは、当時を盛りなる真中の世とほめたる心ばへ有り、おもしろき詞也」（『続紀』歴朝詔詞解）と言っているようですが、山崎先生の考えと通底しているように思いますね。

小島　なるほど！吉田さん、宜なるかなですよ。この山崎先生の議論で重要な論点は、単純化すると現世を神界、顕界、幽界の中間として把握する視点で、これは宣長に起源を有するも山田孝雄によってさらに明晰にされた「中今論」の一つの発展的解釈なのです。もっとも保守的に「中今論」を解釈すると私は日本仏教の天台本覚論などと似通ってくるとも思います。この議論の要点は片山杜秀さんの分析される[25]ように現実を保守する視点、つまり現前の世界は神界と幾分なりとも連絡しているわけですから、現実は理念的に否定もしくは超克する対象でなく、保守的に維持発展しなければならないとする思索を弁証するメッセージを産み出します。天台本覚論では彼岸ならぬ現実そのものを「仏世界」に位置付けるのとパラレルに、中今論的神道理解では現実の矛盾や欠陥も否定的には眺めません。中今論は経験論的ポジティヴィズムです。私の考えでは、中今論的な理論的構図は保守主義になりやすいものの右翼ラディカリズムに展開できません。あえて言えば体制的に収斂しやすい性質を有しています。一九四〇（昭和一五）年以降、山崎先生が文筆活動を慎しまれたとすれば、翼賛体制の発足によって自らの使命は終わったと判断されたのかも知れません。そして日本の敗戦とともに、山崎先生は文字通り謹慎されるのですが、「中今論」の論理自体は破綻したわけでもありませんので、休火山よろしくしばらくは眠りに就くのです。ラディカリズムとしての日本主義と違って中今論的な保守主義思想では現実的蹉跌もきちんと想定内に入っているからです。さらに言いますと、大アジア主義と連絡する日本主義なら現実的に破綻してしまうわけですが、それと対極にある「中今論」的日本主義ならば、後ろめたい部分はあったとしてもまったく論理は無傷なのです。ついでに書きますと、「惟神の道」にはエデンの園からの追放に似た議論が潜んでいないわけではありません。山崎先生の図式に解説されているように宇宙的原理は儒学の太極、あるいは啓典宗教の創造神さながらの原理に起因します。これは単一の絶対者ですから歴史はありません。ところが、この完全な存在が、いつの間にか双数的構造を持つ二元論を作り出します。易学の陰陽論、旧約のアダムとイヴ、そしてイザナギとイザナミも然りで、このペアはバイナリーにすべてを外延的に作ってゆき、ここに人間の歴史は成立します。人間は具体的に限界を持ったバイナリーな値に過ぎませんので、「惟神」の精神は神になることでなくバランスを取って「神のごとく生きる」ことに他ならないわけです。歴史は神でない人間によって止揚されることなどあり得ず、「惟神に生きる」ことしかできませんので、歴史はいつでも「中今」なのです。

吉田　「中今」という概念は要するに神道的な理念があるとして、それは「今」の彼方にあって「今」の否定によって実現する思想でなく、理念の「只中」にあって、不足もしくは欠陥があるなら「歴史」の内部から肯定的に視点を導き出そうとする理解だと見るといいのですか。

小島　まさにそうです。思想として見る場合、鋭角性もありませんし、いわば「体制的」な議論でもありパッとしません。しかし「中今」は徹底的な現状維持論になるばかりとは限らず、経験的領域に回路を開くのみか「今」を歴史的に把握するために、論客によって大きなニュアンスの差を生み出します。平均値を取れば漸進主義くらいでしょうか。山崎先生の場合は、開かれた部分に多様な詩文や教養が入り込んで穏健な保守主義的知性を生んだわけです。私は長らく東欧や旧ソ連に住んでいましたが、その世界の体制的知識人の圧倒的多くは良心的な「中今」論的保守派でした。さっきも言いましたように「中今」論は音楽評論家としても有名な片山杜秀さんの日本思想史研究の中で注目され概念として復活しましたし、その理解も難しくありません。

休火山は晩年に爆発します。山崎先生は晩年に再び

「惟神の道」に立ち帰られ、『生駒新聞』に連載された「天地初発　上代浪漫」という長大な文章に着手されますし、「『日本書紀』を読む」とか「『続日本紀』に学ぶ」とか、日本の古典をテーマとする割合長い連載記事なんかも幾つか書かれています。これらは晩年の文章なのに若々しいんですね。むしろわれわれが知っている七〇年代の文章のほうが、円熟した文士の手すさびみたいな感じです。山崎先生は、時局的なことではなく、日本の世の中のいろんな問題に若き日から深く憂慮沈着され、徹底的な勉強の中で自分の考えを極められた。その結果、中今論的なポジティヴィズムとセットになった「宗教ならざる神道」を「惟神の道」として見つめられた。この立場は生涯を通じて一貫していた事実に私は気がつきました。地方にあって一宮司の立場を誠実に全うされたのもその実践に他なりませんでした。

吉田　高山にあって訪問客を歓迎し、誰とでも話をされましたね。日常にかまけるのでなく、いつも文学を読み歴史を語り、アルコール付きの談論風発は晩年まで続きました。今おっしゃったように、僕もそのリストを見ながら、最晩年の原稿の幾つかは、それ以前の普通のエッセイ的な文学観賞のものからガラッと変わり、それがずっと続いていたから、何が変わったのかなという疑問は持っていました。

小島　これは最後の爆発ですよ。見事な知的生涯だと思います。

吉田　なるほどね。

小島　声を大にして言っておきたいのは、山崎先生の著作はいずれ誰かがすべて著作集にして出版すべきということです。残念ながら著作権を継承された方の理解を得られず、現状では著作集にできなくなったのですが、このまま歴史の闇に沈めてしまってはなりません。山崎先生を実際に知る人、学友だった研究家なども鬼籍に入って久しく、当時は山崎先生よりも知名度の高かった方々さえ、今ではすっかり忘れ去られてしまいました。

山崎先生の交友関係

吉田　柳生の疱瘡地蔵の徳政碑文を解読された杉田定

一の山崎先生訪問記など（「二人の文人」参照）、小島君の言い方では「中世の歌物語」（「社務所の赤絨毯」参照）を髣髴させますが、今では夢物語で「夢にも見られない」かも知れない過去の幻になってしまったのですね。学問と詩文を追い求めて開かれたネットワークを形成し、志あれば気軽に出かけてお互いを認め合う近世文化人のサロンを髣髴させます。高山八幡宮の研究をされた野口省吾さん[26]などまだご存命なのでしょうか。

小島　杉田定一を山崎先生がよくご存じだったのは「借金棒引論の研究」（『日本精神史観と唯物論』所収）なる文章を若い時期に認められていたために、疱瘡地蔵について鮮明にご記憶だったのではないかと推測します。

私の記憶では野口さんは関西大学の大学院を社会学専攻で修了され、あの当時、奈良商業高校の先生をなさっておられました。確か修士論文で川西村の研究[27]をされたと思います。今ご存命だとしても八〇歳代半ばとなりますが、高山の宮座研究を最後に教職に専念されたようですね。吉田さんの「山崎先生と私」に野口さんを原田敏明教授の弟子として記録されていますね。この時期の原田先生の宮座研究の民俗学から社会民俗学への転換は大きなインパクトを与えたので、直接の師弟関係ではなかったが「学問的影響を受けた」ということでしょうか。

今流の言い方では継続する共同体的慣習の中に実態としての社会構造の変化を読み取り、ドイツ語のゲマインデ、つまり本源的共同体の解体を内在的に分析する方法が六〇年代末から隣接分野の歴史研究を席巻しました。原田教授の研究は民俗学からのアプローチですが、山中永之佑『日本近代国家形成と村規約』（木鐸社、一九七五年）とか原田敏丸『近世入会制度解体過程の研究』（塙書房、一九六九年）などがそうです。この二人はともに大阪大学の先生で、敏丸先生のご尊父こそ原田敏明先生に他なりません。これらは広吉寿彦先生から教えていただいてノートを取って熱心に読みました。個人的な思い出で恐縮ですが、県立図書館で『北倭村風俗誌調』の筆写をしたのもこれらの研究の圧倒的影響によります。この社会構造論的村落研究は、後の社会史に順接する木村礎先生の村落研究とは異なったヴェクトルで忘れ去られつつあるようですが、きちんと読み直さないといけません。昨今大きなセンセーションを巻き起こした斉藤幸平さんのマルクス再検討におけるマルク共同体論などを参照すると、とってもアクチュアルな問題を含んでいますよ。高山ご出身で民俗学者とうかがっている高田照世さんというすぐれた研究者がいらっしゃいますよね。どういう方ですか。山崎先生との接点はあったのですか。

吉田　高田さんは現在、帝塚山大学文学部教授をされていますが、最近めざましい研究活動をされていますね。一〇年ほど前に高山中心とした奈良県北部や南山城、近江湖東地域の石塔や墓制など祖霊祭祀の変遷を調査した大著『祖霊と精霊の祭場　地域における民俗宗教の諸相』（岩田書店、二〇一二年）で知られています。一度あるところでごあいさつをしたことはありますが、じつは僕は高田さんをよく存じ上げないんです。何回か講演を聴講しましたが、主催者の紹介によりますと、同志社大学を卒業され、結婚後家庭に入られたようですが、学問への志やみがたく、お子さん方の手が離れるようになってから帝塚山大学大学院に進まれ研究活動に入られた「頑張り屋さん」ということでした。高田さんは高山八幡宮文書の解読も行われていますが、山崎先生との直接の接点となるとわかりません。高田さんのご尊父高木五一氏は氏子総代を務められ、山崎先生ご逝去に伴う氏子葬では葬儀委員長を務められたくらいですから、お互いよくご存じだったとは思いますが、先生の晩年と高田さんの研究活動と重なるのかどうか、僕にはわかりません。ただ、地元出身の研究者が研究対象の一つに民俗学の手法から高山の基層に本格的に取り組まれたのは初めてのことではないかと思います。

小島　山崎先生の書かれたものをざっと鳥瞰して、一番あがっているのは吉田さんの名前です。桜井の郷土史家である『大和タイムス』の松本俊吉や、水木要太郎、高田十郎。大阪市立博物館の有名な絵馬研究者となった岩井宏實、さっき吉田さんもふれられた杉田定一、それから、吉田さんの先生であるということで東大寺の管長だった名物文化人の上司海雲など。山崎先生の文章には、いろんな人間の名前がいっぱいあがっているんですが、間違いなく吉田伊佐夫さんのペンネームである「吉田有涯」が一番多く言及されていました。そう言えば、青々の笹谷良造の名前も逸してはなりません。吉田さんは中学時代に師事されたのではありませんか。

吉田　僕は直接には教わっていませんね。

小島　ちょっとだけ不肖私の自慢話を言わせてください。私の名前は山崎先生の書かれたものに三回登場するんですが、いろんな人間が言及されている中で「筆友」とされているのは三人だけでして、中田庄一さん、吉田さんと私なんです（笑）。

吉水さんは山崎先生を直接ご存じですか。

吉水　私はお目にかかったことがないんです。

吉田　山崎先生が果たされた書くこと以外の役割といっていいのか、さきほども申し上げたように、先生は、普通に物事を教えるというんじゃなくて、自分でかみ砕きながら話をされたんですね。だから、相手が本当に聞いてくれているのかと思われるのか、「吉田はわかっているのかな」という表情が浮かぶことがありました。それに自ら動かれました。毎年氏子の子弟を引率して名所旧跡を案内されるんです。僕も二度保護者の顔をして参加させていただき、初めはいつもまず石清水八幡宮に立ち寄りますが、あと大徳寺真珠庵や二条城を訪ねたものです。個人的には、僕が結婚した時、結婚祝いだからと夫婦で修学院離宮と桂離宮に連れていってもらったことがありました。今はどうか知りませんが、宮内庁との面倒な手続きをしてくださり、午前中に修学院、午後は桂離宮へ行きました。日本庭園というけれども、修学院と桂離宮と仙洞御所の三つの庭を見ておけば、もうほかの庭は見なくていいとおっしゃってましたね。

旅先での山崎先生と吉田（慈雲山石光寺にて）

自分一人ではなかなか行かなかったようなところへ随分連れていただきましたね。明石へ人麻呂を訪ねたり、和歌浦に万葉歌を偲んだり、宇陀室生寺に伝わる鎌倉時代の石茶臼を見に連れてもらいました。長くなりますが、もう一つ、話させてください。先生と一緒だと、行った先々で物語があるんですね。例えば吉野の賀名生ですね。バスを乗り継いで行きました。南朝の皇居だった堀家住宅（国の重要文化財）に着くと、今でも堀家の方がお住まいになっている個人の家ですからいきなり訪ねて中は自由に見られないんですが、たまたま屋根葺き替えの普請されていたんです。茅葺き師がおりましてね、山崎先生が茅はどこから出るのかなどといろいろ質問をされていました。一人の女性が縁側へ出てきて髪を梳いておられたので、先生があれは誰かと聞かれ、この家の奥さんで、当時前田正男という代議士がいたんですが、その奥さんの妹さんであるということでした。

小島　前田は確か十津川の出身で、長老格なのに入閣機会に恵まれず不遇の政治家と言われた人でしたね。私は奈良出身の代議士でいちばん戦前の保守政治家の匂いのする人物だったと記憶しています。

吉田　そうそう。落選してから返り咲き、一九八〇（昭和五五）年ころに政界から引退をしました。前田の家系は軍人が多く、確か実父は陸軍大佐で養父は陸軍中将だったはずです。そうこうするうちに、遠いところから来られたんだからということで、その夫人が中を見せてくださることになりました。屋根裏関係の別の部屋がありまして、ここにお隠し申し上げましたとおっしゃるので、後醍醐天皇やら後村上天皇がここにいたのかと思いました。明治期に堀家の跡取り息子堀丈夫は中将だったことも伺いました。

賀名生からの帰りに五條の御霊神社に立ち寄り、橋本の隅田八幡神社を訪ねました。ここの宮司は私の友達だから、一〇年ぶりに会えるかもしれんということでした。午前は賀名生で午後は隅田です。隅田八幡の宮司である寺本福太郎さんはご健在でした。一九七三年の五月のことです。そういえば小島君が高山八幡宮を訪ねてくれた直前ですね。そのとき寺本さんは九〇歳、矍鑠とされていて、毎月伊勢神宮に月参りをしておられ、一人で行くので、無事に帰ってこられるか家族が心配しています、「ウォッホッホ」と特徴のある笑い方をされるのが記憶に残っています。

山崎先生と寺本さんは一九六三年六月、一緒に高野山の金剛三昧院に逗留中だそうですが、山中で蜩《ひぐらし》の声が聞こえたということで、寺本さんが山崎先生に「蜩は七月とのみ思いしに高野山中六月に鳴く、こんな歌をいただきましたな」といえば、先生は「その日暮らしの蜩の鳴き初めは梅雨明けの使者でしてな」と楽しそうでした。この話は先生もどこかに書いておられたかと思います。高山では蜩は七月に鳴くものだけれども、高野山で六月に聴いたんですね。

先ほどの堀さんの息子さんが陸軍中将といいましたが、寺本さんの実弟熊一さんもまた陸軍中将だったそうです。どちらも航空畑で掘さんが先輩。寺本熊一さんが航空本部長のときに終戦になり、本部長室で自決されたということでした。和歌山県から郷土の人物ということで県史か何かに載せるので遺品や文書などを出してほしいと言われ、集めている最中とおっしゃり、書簡を並べて見せてくださいました。そこに堀丈夫さんとの書簡がかなり残っていたんですね。

言わずもがなかもしれませんが、隅田八幡神社というのは人物画像鏡、正確に言えば「有銘神人歌舞画像鏡」の伝世で有名ですね。国宝になっています。文字が書かれていて、それについて山崎先生が文章に書いておられます。

小島　それは銅鏡か何かなんですか。

吉田　銅鏡です。隅田八幡神社ではレプリカを見せていただきましたが、現物は東京国立博物館に保管されていて見たこともあります。まあ、こんなぐあいで、山崎先生と一緒に歩いていると、ほかではちょっと得られないような余得があるんです。行く先々で思いがけないことが起こり、しかも、こういうところにこういうものがあって、これはこうでと先生が教えてくれるんじゃなくて、向こうにいる人と話をしながらなんですね。隅田八幡神社でも、寺本さんと話されるのを傍らで聞いているだけでなかなかおもしろかった。そういう経験をさせてもらいました。

小島　私は高校時代、先生がいろいろしゃべっているのを横で聞くだけで楽しかったです。

吉田　あの七月一五日から小島君とは何回か社務所で

一緒になりましたが、不思議でしたね。今おっしゃったように、じーっと横に座って聞いておられた。この人は何だろうと思いました（笑）。それが僕の「驚愕の出会い」メモになったんです。

小島　いや、聞いているだけで楽しかったんです。何ともいえない雰囲気にすごく影響を受けました。さっきも杉田定一の話で「歌物語」という表現が出ましたが、江戸時代の文人や学者が諸国の同学の士を遠路はるばる訪問し、「詩と文」、そして学問を語るだけの時間を過ごす。中国やヨーロッパの知識人にもそうした伝統が生きていました。ヨーロッパの大学では今でも遍歴は日常的慣行ですし、学問は本当はこうしたものであったと思います。私自身は長らく大学という制度の中に身を置いていますが、自分にとっての学問の原点は高山八幡宮の社務所です。生意気にも研究者もどきの仕事をこれまでさせていただき、つまらないものをいっぱい書いてきた中で、自分の文章を見ると明らかに山崎先生の影響を受けている言葉を使っています。「ゆくりなくも」、「時恰も」、「果せるかな」、「宜なるかな」など擬古体の山崎ヴォキャブラリーが私の文章にはいっぱい出てくる。それは社務所の中で黙って話に耳をそばだてていたときに山崎先生がしょっちゅう引用されていた語句、エッセイの中でも常に使われていた言葉でして、自分の体の一部になっているんです。私も六〇歳を超えて間もなく退職ですが、この事実に改めて気がついています。ただ黙っていたわけじゃなくて勉強させてもらっていたんですね。またそれが楽しくて仕方ありませんでした。

吉田　なるほど。

小島　山崎先生が依拠された人脈の一つは神職者だったと思うんですが、もう一つは、いろいろな連中が先生を辞書がわりに使っていましたから、そこで文化人の系譜のネットワークができていたんじゃないかと思うんです。先生は博覧強記であるばかりか、難しい概念を抜きにして話をされ、ちょっとしゃべり始めたら『古事類苑』を繙いているごとく次々と文献が飛び出しました。飛鳥園の小川光三の取りなしで白洲正子さんもやって来たというようなことが「山崎清吉先生と私」に書いてありましたよね。そういえば白洲正子の『十一面観音巡礼』[28]も社務所に置いてあったし、先生の話の中に何回か名前が出てきていました。吉田さん、読売の文化記者だった嵯峨崎司朗を覚えていませんか。『読売新聞』に「国境物語」[29]を連載して地元ではよく読まれたものでした。

吉田　入江泰吉とよく一緒に仕事をしていた人ですね。内山一元の『茶筌博物誌』（東京書房、一九七四年）も山崎先生の助力を忘れていけない一冊ですね。

小島　後から考えたら、結構みなさん山崎先生の知恵袋を借りているんじゃないかと思いますね。あの知のネットワークのあり方は、今の時代からはちょっと想像がつかない独自な形で、まさに江戸の文人や学者のような形態だったと思います。インターネットの時代には遠い遠い昔語りです。そして山崎先生の依拠された『生駒新聞』というメディアも、今の世の中ではまったく見当もつかない独自のものでした。地方新聞というよりも一種の同人誌です。あそこに書かれていた方はみんないっぱしの文士であり、独自の小惑星みたいな場、一つの論壇もしくは文壇をつくっていたわけですね。今から考えると、あの時代にしかなかった、後に消えてしまった得難い知識のあり方だったような気がします。

それから、私は吉田さんの存在が山崎先生にとって結構大きかったんじゃないかと思っているんですが、中でも吉田さんが発行なさった『風土』という雑誌も一つの大きな画期になったような気がしています。この『風土』の特集号みたいな形で山崎先生の高山茶筅の研究や古代史の研究やエッセイ集が出版されているので、そのあたりについて吉田さんからお話しいただけますでしょうか。

吉田　実は僕も西本さんに負けず劣らず学生時代から同人雑誌を出したりしていまして、こっちへ帰ってからも出していたんですね。それで、ちょっと仲間を四、五人呼んで同人雑誌を出そうかというときに、われわれだけで書いたのでは不十分だから先生にも頼もうと考えたのです。

というのも、その直前、僕が三〇歳のときですからちょうど一九七〇年ですが、父の還暦祝いで『浮世床』という冊子を出したとき、山崎先生にも頼んで「春のあした」という文章を書いてもらっていたんですね。それと二、三人に書いてもらって、一〇ページにも満たないような雑誌を出しました。父親には全くそういう感覚はないんですが、床屋をしていましたから客に配ったりしたんです。

その後、何か雑誌を出そうということになって、僕は最初から『風土』と決めていたので、やはり第一号は先生だろうということで。それと、ちょうどそのとき小磯仁が西ドイツへ行っていましたので、彼からも原稿をもらいました。

小島 「風土」はそれこそ和辻哲郎の『風土』を即刻思い浮かべます。普通名詞ではあるのですが、私はなんとなく和辻に重要なヒントを与えたヘルダーあたりの雰囲気を感じてしまいます。

吉田 先生はそれまでに『郷土史資料』として書いておられた茶筅小史などをまとめて、最初に一番一般的な茶筅史を書いてくださいました。そのときおっしゃったのは、『郷土史資料』を私家版で出してきたけれども、何と言っても公の他の出版社から出すのはいいことだと。われわれが出すような『風土』を「公の」と言われるとちょっと恥ずかしいんですが、個人で出したものより多少見栄えがするということかと思います。

山崎先生はもちろんそれはいいことだから協力しようと言ってくださって、『風土』という名前は甫田鵄川氏に頼もうと。金鵄の「鵄」ですが、高山ご出身だからそういう号をつけられたのでしょうか、日展の評議員などもしておられた、日本有数の書の大家です。われわれからは到底頼めないんですが、山崎先生から頼んでもらったら二〇通りほどの書体で書いてくださいました。この間資料を漁っていたらそれが全部出てきたんですが、その中から先生に相談して気に入ったものを使わせていただきました。

そうやって出したんですが、大阪の友達に頼んだタイプ印刷で、完成品を先生に持っていった翌日、誤植が三十何箇所も見つかったと言われました(笑)。それで、すみません、改めてもう一度改訂版を出しますからということになりました。

ただ、よく考えてみると、単なる同人の自己満足に終わるようなものにはしたくない。先生のものは残るんだから、いっそ特集形式にして全部先生に書いてもらおうと考えました。先生に相談したらそれでもい

甫田鶏川氏揮毫

雑誌『風土』

いよということで、二号は「高山地名考」になりました。もちろん『郷土史資料』でも出ていますが、ああいうものはなかったため、先生の試案も含めて書いていただきました。そして、三号が「春の車」だったんですね。僕はあれを読んで初めて、先にも申し上げたように、「春の車」の出典を見て、先生はロマンチストだったんだなという感じを受けました。

三号か四号ぐらいからは先生が一部もつことになって、その分は高山八幡宮発行で『郷土史資料』というタイトルで出すから、同じ内容になるけど『風土』と分けてやろうということで、三〇〇部刷ったら五〇から一〇〇部ぐらいまで先生用のものをつくりました。その後もよく続いて、六号まで出しました。あっそうそう、四号は茶筅史の改訂版です。「新稿高山茶筅志」だったかな。

小島　ちょっとだけ自慢話を申しますと、『風土』のその新版の「高山茶筅志」に、不肖私が提供した資料が載っているんです。三好昭一郎の「徳島藩における茶筅制度について」[30]が引用されていますが、それは私が見つけて持っていったものです。確か吉川弘文館の『日本歴史』の雑誌目録に出ていて、住所を調べて掲載号を購入したのです。

吉田　それは僕もいただきましたね。

小島　吉田さんにも差し上げたかもしれません。三好昭一郎は今年（二〇二〇年）お亡くなりになった阿波地方史研究の重鎮ですよね。すっかり忘れていましたが、改めて読んで、載っていたんだなと思って嬉しくなりました。五号は何の特集でしたか。

吉田　「お茶と茶筅」ということで、ちょっと高山の茶筅から外れて、茶筅文化史みたいな感じでしたね。

小島　そうでした。私からちょっとだけ口を挟ませていただくと、あれを読んで、もうちょっと広げてお茶の文化史として大きな本になさる方向もあったのかなと思ったりしました。驚いたのは、最近脚光を浴びている後発酵茶文化、つまりバタバタ茶やボテボテ茶までちゃんと触れられている点です。すごい目配りのよさです。後発酵茶で用いる茶筅は抹茶茶筅とは違っているのみか、喫茶法に大きな差異もありますし、その分布や市場の構造など興味津々です。なお江戸時代に広範に行商された茶筅は茶筅状の台所用具のようです。

吉田　六号は、「上代日本の文化史的展望—国家危機の高揚過程—」ですね。

『生駒新聞』に掲載された一連の文章ですね。それが最後になったんですよね。何とか残す方法をと思ってはいるんですが、このままいけば忘れられてしまいます。

小島　本書刊行と同時に、山崎先生の文章をコピーし製本して奈良県立図書情報館などへ納める方法を考えましょう。今のインターネット社会では文献目録さえ作っておけば所蔵先がすぐわかるという利点がありますから、後は私たちの会うことのない未来の学者や読者にお任せしていいのかなと思います。

少なくとも私が高山八幡宮へお邪魔して吉田さんとお目にかかっていたころ、山崎先生は結構注目を浴びておられました。一つは、『太陽』という平凡社の雑誌の裏表紙に写真つきで登場されましたよね[31]。下の方に近鉄か何かの広告があって、山崎先生の写真と文がついていました。

吉田　「茶」特集の別冊でしたね。

小島　もう一つは、表千家の『茶道雑誌』に高山茶筅史を連載され、山崎先生の業績がいよいよ広く知られることとなりました。もちろんネットワークの中にいた知識人や文士などはみんな山崎先生の存在を知っていたわけですが、全国の読者にその存在を知らしめる大きな画期になったような気がします。ちなみにこの時期の『茶道雑誌』は国立国会図書館のＮＤＬ―ＯＮＬＩＮＥには所蔵表示もされませんし、河原書店のある地元の京都府立図書館・総合資料館などの検索エンジンにも出てきません。

吉田　藪内流の『竹風』にも山崎先生は茶筅史を書かれていたのですが、こちらも知られないままになっていますね。

山崎清吉の茶筅史研究

小島　山崎先生の存在がメジャーなジャーナリズムでも取りざたされた時期に、茶筅史の研究もブックレットのような形式で再版されていたらよかったですね。今後この分野の研究をされる方は、山崎先生の業績をきちんと読んだ上で、その研究業績を踏まえて議論を展開されるべきです。ところが最近調査したところでは、然るべき図書館には収蔵されておらず、茶筅史の論考はネットでも情報をアクセスできません。山崎先生は歴史研究者としては文献に忠実な非常にオーソドックスな手法を用い、正統的かつ実証的な手堅い研究としてまったく衒いは皆無です。将来の研究者は先行研究を前提として議論を組み立てる学問研究のモラルを有し、山崎先生や永島福太郎の研究業績を始発点にする義務を負うにもかかわらず、少なくとも山崎先生の文献は永島先生のそれと違って現況ではほとんど繙読不可能なのです。一時期は奈良地方史の大権威であった永島先生さえも、茶筅に論及した研究を本格的に残したわけでもなく、晩年に講演を起こした一般向けの『高山茶筅の起こり』[32]が読める形になっているだけです。しかもその冊子さえも極めてマイナーな形で出版された事情も与って、さほど知られてもいないのです。最近は茶筅の中国起源も本格的に指摘されるようになり[33]、旧来の研究を根本的に見直さないといけないくらいですが、研究の到達点さえ今の状況では読めないわけです。一方、高山茶筅の歴史をめぐっては歴史的には実証されざる「神話」がありまして、どうもそちらの方ばかり広まっている傾向があります。先駆的に地元で文献に忠実な研究をされた先行者がいたことを、きちんと記録しておかないといけないと思います。

地元では言いにくいと思うんですが、山崎先生はあいうお人だったからみんなに尊敬されていたとはいえ、茶筅研究はどうもいただけないということだったんですか。

吉田　実は僕の祖母の実家が「久保信濃」を名乗る茶筅師の家でした。茶筅師の多くは代々継承する号を持たれています。屋号のようなものです。信濃家は高山茶筅の核となった家の一つで、当主であった祖母の甥は茶筅の名人と評判でした。無口な職人で夜業に勤しむ姿を僕も見たことがあります。小学生のころ、茶筅材料の淡竹の油抜きに狩りだされたこともあります。後継者がなく「茶筅師信濃」は廃絶しましたが、僕には茶筅に何の関心もなく、当主に聞いたこともありません。今回の対談を機に昔を思い出した次第です。僕はその後、先程の話に出た山崎先生の著作を『風土』誌に掲載したり、茶筅師久保左文氏が百種類に及ぶ茶筅の全種作りに挑戦された著書『高山茶筌』（私家版、一九七七年）や、小学校時代の恩師で茶道具柄杓など製造をされていた正木榮先生の著書『生駒・高山風土記』（私家版、二〇〇八年）の制作に多少のお手伝いをしました。お三人ともすでに幽界に入られてずいぶんになります。この作業を通じて僕は、「神話」を奉じている人たちと、それを文献的に批判された山崎先生の研究成果の双方に関わっただけで、僕自身は研究としての分析ができる能力を持っているとは自覚していません。ただし山崎先生や永島福太郎先生の茶筅史などの業績を広く後学のために残しておく、伝えておくということは重要なことです。この対談の目的もそこにあるわけですが、ただ、そういう「神話」が今後の歴史研究の対象になり得るのかということに若干の意見があります。

小島　歴史のエチケットなのですが、「神話」、つまりフィクションが創作され社会的に定着するプロセスは、「神話」形成の同時代史として別個の検討対象ですよね。でも下手をすると「神話」が「正史」になってしまう場合もあり、この辺はきちんと峻別しておく必要はありますね。

吉田　そうですね。ここで高山茶筅の「神話」なるものを簡単に紹介しておきます。もとより僕が調査検証したわけではありませんし、繰り返しになりますが、山崎先生の「高山地名考」（『風土』第二号）や「新稿高山茶筅志」（『風土』第四号）によることをご諒承ください。これから研究が進んで山崎先生の実証の限界についても明らかになるかも知れませんし、いずれにしても僕はこの問題について祖述さえおぼつかない門外漢であるとまずもってお断りしておきます。山崎先生の研究を一般の方はまったく読めないので「ないよりまし」な要約に留めることを繰り返しお断りします。

　山崎先生が疑問を持たれたのは、高山を領した鷹山氏の来歴「軍功記」（「高山家由緒軍功記」一六一六〈元和二〉年一〇月奥書）や、茶筅の由来を記した「茶筌伝紀」（「高山茶筌権輿伝紀の巻」一六三六〈寛永一三〉年一月奥書）などの文書です。その文書には、鷹山氏一族の「高山入道宗砌」なる人物が、利休以前に茶道を広めたとされる奈良称名寺ゆかりの村田珠光に教えられ高山茶筅を創始したなどとあります。この人物が国文学史上に著名な連歌の宗匠で、飯尾宗祇らの師にあたる高山宗砌《そうぜい》と同一人物とされ、それが茶筅師の間に信奉されてきたわけです。宗砌については国文学分野で研究も進んでいるようです。山崎先生は但馬生まれの宗砌の没年などを手がかりに、連歌師宗砌にあたる人物は鷹山氏の系譜の中にはいない、と宗砌の高山茶筅創案説を否定されました。さらに、山崎先生はこれらの文書が奥書より二五〇年以上も経った一八九二（明治二五）年ごろに、唐突に高山にもたらされ、それは「木津の〝はんか〟という質屋の今井家から出たものですよ」と仰って書かれてもいます。永島先生も同じように文献検証をされたのでしょう。

小島　はい、永島先生も基本的に同じ議論をされていますし、「神話」への批判口調はかなり辛辣です。

吉田　最近刊行された大谷大学の馬部隆弘氏の『椿井文書―日本最大級の偽文書』[34]のなかで、幕末から維新にかけ高山に隣接した南山城や北河内、さらに近江など近畿一円に大量に流布した偽文書、いわゆる椿井文書の存在を明らかにされ話題となっています。その椿井家が何らかの事情で残存の文書をすべて今井家に譲渡し、それがまた出回ったと指摘されています。馬部氏は茶筅史が研究対象ではなく、「茶筌伝紀」などには触れていませんが、そうなると高山にもたらされた文書も信憑性に欠ける可能性があります。どうも今井家から偽文書が大量に販売されたのも明治二〇年から三〇年に至る時期らしく、ちょうど「茶筌伝記」も高山への持ち込み時期と合致します。

また、正木先生ですが、先生は父の理髪客でもあり、僕の小学校二年の担任で、のち家業に転じられた方です。小島君と僕が高山八幡宮の社務所から足が遠のいた時期に、割と山崎先生のもとに出入りされていたようです。正木先生とはほとんど交流はありませんでしたが、ある会合でお目にかかり、そのときに、高山のことを書き残したいが、もうトシだから物が書けないとおっしゃったので、じゃあ僕が聞き書きをしましょうかということになり、『生駒・高山風土記』というタイトルで出版されました。

そのなかで、正木先生は高山茶筅に触れ、その由来について、奈良奉行所与力の「庁中漫録」という文書を紹介、一六八三（天和三）年三月二一日の条に、「茲高山村は茶筅の名門であるが、茶筅づくりの元は奈良、宝来村で高山村から甚之丞など六人が茶筅の作り方を習いにいってそのうちに宝来村の茶筅業は廃れ、高山茶筅が残った」という意味のことが書かれていることを指摘されました。[35]この記録は幕府要人が河川巡見のため奈良へ来たときに提出された報告書です。

「庁中漫録」は与力・玉井與一が残した記録で、信憑性が高いとされています。すでにこのころには高山の茶筅は奈良の特産として有名だったことがわかります。

正木先生はさらに称名寺へ出向いて住職に会い、村田珠光が茶筅の作り方を教えたという高山宗砌について話を聞いたところ、そんな文献は一つもない、高山とはまったく関わりがないと言われたそうです。

このように「神話」は今から半世紀以上も前に、山崎先生によって的確な文献批判と時代考証がなされているわけです。また、永島先生も「宗砌創案説は一笑に付されるべきものである」と一蹴し、「歴史ブーム便乗の売文の徒の弄筆を是正する」と糺され、そのうえで「輝かしい高山茶筅の伝統を披露」したいと書かれています。

しかし、ネットなどをのぞくと、山崎先生らの批判に応えるわけでも反論するわけでもなく、この「神話」を「伝えられる」と掲げられているようです。

「神話」を形作る伝承といったものは、口承も含めて長い醸成時期があり、多くの人たちが生活の中で納得のうえ育ててきたものと一人勝手に思っています。唐突にもたらされた「神話」は伝承ですらなく、限られた地域の何か民俗信仰に類するものではないか。〝秘伝〟を頼りに技術を磨いてこられたのでしょうか。

それがそのまま公的機関に利用されたりすると、滑稽なことになり、歴史を歪めることになります。茶筅は元来がモノをかき混ぜる攪拌道具で、いろんな用途のため各地で作られてきたのではないでしょうか。それが茶道文化の展開によって道具の一つとして現在のような高山茶筅に収斂されてきたとも思われます。

これも伝聞の話で恐縮なのですが、ついでに申し添えますと、奈良の法蓮に鷹山氏ゆかりの興福院という尼寺があります。この寺に最も信頼できるとされる「鷹山家の系図」が伝わりますが、この系図に宗砌の名はありません。興福院はもともと尼辻にあった寺で、この第四代住職は鷹山氏の最後の当主鷹山頼茂の息女、教誉清心尼です。元禄・宝暦の東大寺大仏再興を成し遂げた公慶上人、つまり頼茂の七男の姉に当たります。頼茂の墓所は高山の円楽寺跡にありますが、晩年、東大寺近くの水門町に隠棲しています。頼茂は娘に鷹山家文書を託したらしいです。戦国武将の書簡や、別に公慶上人と清心尼の往復書簡なども含まれているといわれますが、この鷹山家文書については生駒市教委で天理大学の天野忠幸氏らによる解読作業が行われていると聞いています。そのメンバーの一人に『椿井文書』研究の馬部氏も含まれ、その成果に注目しましょう。

小島　個人的な感想ですが、山崎先生は観光客に所望されると茶筅制作のデモンストレーションをなさったりして高山茶筅の宣伝を努められたでしょう。先生は茶筅の里の宮司である事実をとても誇りに思っておいででした。茶筅史研究も「神話」の批判でなく、「神話」は矜持の部分でよしとするも、高山茶筅はそれに依拠せずともすばらしい伝統を持つという応援歌であったと聞くとその内容をきちんと理解できると思います。

吉田　何よりも氏子のみなさんは山崎先生を尊敬して慕っていたわけで、そこに何らの齟齬もありませんでした。

小島　私自身もまったくの門外漢なので一つだけ控えめな論点追加をさせていただくにとどめます。近年、各地の茶筅の研究が進展し、[36] 竹工芸の存在のあり方そのものを再検討する動きもしきりです。山崎先生はこの方面にも注目されていた事実を私は記憶していますが、つづめて言うと、一般の竹工芸と江戸時代にはハイブロウな制度的茶文化に関わった高山茶筅はそのあり方をかなり異にしたという点を展望されていたと思います。江戸時代に行商によって各地に売られた茶筅は「鉢叩き」との別称もあるように台所用品だったわけです〔後註〕。高山茶筅の販路と用途もかなり異なり、この辺は将来の研究者の課題となるでしょうか。なお日本に残存していた後発酵茶はデザートにされた食茶文化ですが、ここで使用する茶筅も高山茶筅とは別の系譜を形成しますね。

文人瓦師・中田庄一

小島　『愛郷新聞』以来の『生駒新聞』の寄稿者でもあった中田庄一さんについて、ここで思い出を語りませんか。生駒町が市制移行する際に「生駒を考える」という作文を公募し、中田さんの執筆による「二十年後の生駒」（『生駒市広報』一二〇号、一九七一年一二月）が一般入選したことを知っている人などもはや私たちだけかも知れません。吉田さんのご記憶のように私は高山にはじめて山崎先生をお伺いした日に中田さんにもお会いしたのです。その後、中田さんは文を書くたびにお電話をいただきました。『生駒市誌』論争のとき、中田さんは長々と昔を振り返られ、いろいろ教えていただきました。驚いたのは中田さんが金鵄発祥の顕彰について地元の名士たちがにわかに提灯持ちを始めたのをこき下ろし、「金鵄発祥地私観」[37]というタイトルの論駁文を執筆されていた事実です。「山崎清吉と私」を拝読して吉田さんがコピーを取って送って下さったことを改めて知りました。戦前に教育を受けた人たちの中に神武天皇は言わずもがな長髄彦や金鵄発祥の話を「史実」か「郷土の伝承」として教え込まれたましたよね。私が生駒に住み着いた七〇年代には、それらを「伝説」と思い込んでいる人や「長髄彦」の末裔と言い出す古老までいました。さすがに饒速日尊の子孫と自称する方にはお目にかかりませんでしたが（笑）。これは高山茶筅の「神話」と完璧に同じく、近代に創作されたお話を尋常小学校、あるいは国民学校の教育を通じて刷り込まれ、いつしか「伝承」に化けた「創造された伝統」の典型です。これも山崎先生の学問と関わるので後で議論しましょう。油断していると「民間伝承」として観光開発を業者が始めかねないですね。吉田さん、中田さんの経歴についてお聞かせくださいませんでしょうか。

吉田　山崎先生から、今朝中田庄一さんが亡くなられた、これからお悔やみに行こうとお誘いを受けたのは一九七七（昭和五二）年七月三日でした。六二歳ということでした。実は中田さんは僕と同じ高谷（小字）垣内のお住まいで、顔はよく存じ上げていましたが、直接お話したことはまったくありませんでした。腕の立つ瓦職人で、僕が八幡宮の社務所に行き出してから言葉を交わすことが多くなりました。山崎先生の仲介ですね。天気のいい日は仕事に出かけられるのですが、雨が降ると、きょうは休みだから来ないかというので何回かお邪魔したことがあります。初めてお邪魔したのは一九七三年三月二一日の彼岸の中日、さっそく冷やのコップ酒、そこへ抱えてこられたのが吉田東伍の『大日本地名辞書』、それを繰りながら高山の話をうかがいました。

奥六畳の間の壁に掛けてあった二つの墨蹟が気になって、あれはなんと書かれているんですかと問うと、一つは「射たずして之を射つ」、中島敦『名人傳』に出てきますね。いま一つは掛け軸に「後の人金を積んでも残さず　本をのこしても読まず云々」の三〇字ほど、志賀直哉「或る男、その妹」から採られた言葉です。いずれも有名な言葉ですが、書となると読めないんです。いずれの書も従兄弟にあたるという甫田鶉川さんの揮毫という。甫田さんは日展評議員で知られますが、先にも話しました僕の個人誌『風土』の題字を書いていただいた方です。甫田さんがいまだ無名時代の書らしい。ヘェー、中田さんと従兄弟かと思いましたね。そのあと中田さんに坊殿《ぼうどん》にある廃円楽寺跡に案内してもらいました。鷹山氏の歴代墓碑の在所ですが、こんな近くにある旧跡も知りませんでした。道のない雑木を踏み分けた先に荒廃した墓碑が並んでいました。年に一回、無足人座の供養を受ける以外訪れる人もいないらしく荒廃していましたね。現在、このあたりは高山竹林園として生まれ変わり、鷹山氏の墓域も整備されています。さらに大庄屋だった有井山家の墓地へもご案内いただきました。中田さんから古いスクラップ帳や同人誌『北和文藝』（一九三八〈昭和一三〉年）を借覧しました。中田さんご自身は同人雑誌を発行し、小説を書いておられたんですよ。実家の近くにこんな人がいたのかとちょっと襟を糺しました。

小島　「地の塩」ですね。地元の文化を真に育まれたのは中田さんのようなインテリたちで、やはり大正時代の自由な雰囲気の残り香を感じます。「不射の射」は『名人伝』が確か死後出版なので（一九四二年）、もしかしたらオリジナルの『列子』または『荘子』に由来するのかも知れません。

吉田　中田さんが急逝されてからひと月ほどして山崎先生が『生駒新聞』（一九七七年月八月一〇日）に追悼文を書かれています。中田さんは前日の朝、八幡宮バス停から奈良の職場に向かわれ、午後二時頃気分が悪いからと急遽、国立奈良病院に運ばれたが、快方に推移したのもつかの間、三日の未明にはすでに絶命されたそうです。山崎先生は「口数少ない慎重型であったが、高山では無類の読書人で、記憶力も抜群。おもねるではないが、詩想も豊かで文章の運びは、とても近代的な流麗なものであった」と追想されています。

中田さんは『生駒新聞』の前身、『愛郷新聞』時代からの古い執筆者の一人で、『北和文藝』を舞台に次々と小説や詩を発表されています。例えば「戀は勇気が必要よ」(昭和七年六月)、「夏窓漫筆」(昭和一一年七月)、「村吹く風よ」(昭和八年七月)、「蝕める地」(昭和一二年五月)など、題名をたどるだけでも興味をそそりますね。北倭村はさきに申し上げたように現在の高山を中心に上、鹿畑、南北田原の五つの村が合併して発足しましたが、なかなか進取に富んだ土地柄でしてね。『愛郷新聞』の発行もそうですが、これも冒頭に少し言いましたように明治半ばに『北倭村是』でも注目されました。村是の是は道理に叶う、よいというほどの意味で、是認とか社是などと使われます。国是に対し町村是はその地方版です。村の実態調査を行い分析、その結果をもとに将来の基本となる政策や方針を明らかにするものです。村の羅針盤とでもいうべきものですね。一九〇〇(明治三三)年に調査が始まり、一九〇三(明治三六)年に大阪で開かれた第五回内国勧業博覧会に出品、全国約二五〇点の出品中からモデル村是八点の一つに選ばれました。中田さんの著作は『愛郷新聞』を閲覧した際に少し調べたことがありますので、ちょっと並べてみましょうか。

一九三一(昭和六)年
五十年後の富雄川　＊文末に「1930・10・5記」――昭和六年四月一日本社懸賞佳作

一九三二(昭和七)年
東大阪電車が開通したら　＊文末に「1931・10・17記」一月
初夏小品　戀は勇気が必要よ(一)　六月
初夏小品　戀は勇気が必要よ(二)　七月
何処へ行く？　農村の文藝　一二月

一九三三(昭和八)年
詩　春　二月
短編小説　村吹く風よ(一)　七月

短編小説　村吹く風よ（二）　八月
雑感一束　「1933・11病床にて記す」と記載
＊この中で「愛郷新聞創刊の頃、尋常1年生」とある。さらに北和文壇に新人久保一郎（川瀬みさを）が登場したとき、「北和文壇の重鎮、中田庄一の活躍もさることながら…」の文言がみられ、中田氏の評判がわかる。

一九三四（昭和九）年
北倭瞥見　一月
近時漫記　二月
久保区の男女青年劇『ああ満州』をみて―郷土演藝に就ての覚書　九月
＊「文藝春秋を中心勢力とする芸術作家の恋愛入門学、小説を僕は嫌う。プロ作家の殺風景な作品でもない」と記載
身辺雑記　自分の開業に就て　一一月

一九三五（昭和一〇）年
流れ行くもの　五月
郷土史雑感　五月

一九三六（昭和一一）年
愛郷文壇「夏窓漫筆」　七月

「金鵄発祥地」と『高山地名考』

小島　中田さんのくぐもった声は今でも耳から離れません。中田さんと西本さんには文学の接点もありそうですし、若き中田さんは文学に志し上京の夢でもお持ちだったかも知れませんね。「夏の夜の夢」でしょうか。また『愛郷新聞』を支えた青年たちの姿を今一度見つめ直すよすがにしたいですね。ところで中田さんの「金鵄発祥地私観」は社会や文化をきちんと見据えて利権に悪乗りするタイプの自称「郷土愛」を批判されたわけですが、私も『生駒市誌』第一巻批判で生意気にもこの問題について『生駒新聞』で論陣を張りました。これについて便乗して今の視点からちょっと振り返らせてください。私の幼い議論は馬鹿の一点、つまり「考古学的論述から歴史を始めないで、史実か

どうか疑わしい神話から始め、まるで戦前の郷土史そのものであった」ことを問題にしました。これはより厳密には、記紀神話でなく紀元二千六百年祭の時期の文部省「神武天皇聖蹟調査」[38]の結果を批判したわけで、専門委員として「聖蹟」選定に直接関わった植村清二[39]が「委員の中で意見の一致したのは茅渟《ちぬ》の海だけ」であとは政治決定だと後年暴露しているような代物だったわけです。選定に当たった当事者が「政治的妥協」であって学問的な仕事でないと内情を語っているわけです。

吉田　そうですか。あれは『生駒新聞』を舞台としたちょっとした事件でした。

「神武天皇聖蹟金鵄発祥地」碑

小島　私は古代史とか神話について専門的に勉強をしたものではないので、今から述べることは専門的な反証があればすぐに引っ込める程度の話だとして聞いてください。ずっと後年、私のようなチンピラに山崎先生が好意的であった謎は、「高山地名考」に隠されていたとハッと気が付いたのです。

　近年ネット情報を見ていますと、「金鵄発祥」を地元の伝説であるかのように書く人もいらっしゃるので、これについても一応学問的な手続きでものを考えるモラルを再確認しておきましょう。歴史学とか民俗学とか、何にしても学問と名乗らなければファンタジーを抱くのは完全に自由ですので、その領域について私は一切関与しません。そして私も専門分野ではないので、反証を示されれば「ありがとうございます」と礼節を尽くして今から述べる意見も即刻引っ込めます。

吉田　記紀神話と一括するのですが、金鵄発祥は『古事記』には出てこないのですね。

小島　そうです。「金鵄発祥」の文章は『日本書紀』

にのみ存在していて、より広範かつ国内読者を想定していた『古事記』にはないという合理的理由を説明せねばなりません。九世紀の物部氏側の伝承を反映していると思われる『先代旧事本紀』にもことさらに言及はないですね。金色に輝く鳥がどこからともなく飛来する話はとてもヴィジュアル的で、アマテラスなど「光」を神話体系にうち含む記紀神話と親和性を有しそうなのに選定されなかったのは、この話が対外的な創作であったか、『古事記』ではあえてオミットされたかどちらかです。ちなみにアマテラスの方はアミダーバ、つまり阿弥陀信仰の影響による粉飾化をしばしば指摘され、金鵄とは別系統のシンボル化です。それよりももっと重要だと私の考えるのは『古事記』では長髄彦は登美能那賀須泥毘古または略して登美毘古となっている点で、この点について深く論及した研究は、管見では岡田精司先生の『古代王権の祭祀と神話』（塙書房、一九七〇年）とそれを踏まえた直木孝次郎先生の名著『奈良』[40]くらいしかありません。

吉田　トミヒコとなるとトビと通じますね。

小島　古代中国の世界観では周辺の秩序に卑しい字を当てるでしょう。東夷、北狄、西戎、南蛮などの蔑称です。倭だってそうですね。日本版の帝国史観で『日本書紀』は当時のリンガ・フランカたる漢語表記されているわけですから「長髄彦」もそうしたバイアスによって字を当てられているだけです。つまり対内的にはトミヒコのシンボルの「鵄」が敵方に正統性を与えた、これで話の辻褄は合います。しかし『古事記』ではおなじみのトミヒコをめぐってそうした話を作らなかった、または削除したのは対内的にはナンセンスな話だったからだと思います。別言すると、『日本書紀』の想定読者には説得力を有するとしても、『古事記』のそれには一発で虚構と見抜かれたと撰者は考えたのです。

吉田　つまり明らかな嘘か、国内向けには意味不明であったかでしょうか。

小島　はいそうだと思います。そこで対外的な効果を考慮したのでは、と推測するなら中華帝国の周囲にあった諸秩序と正統性の象徴「金色の鳥」との関連を次に論及せねばなりません。中央アジアからヨーロッパの諸民族に広汎に「怪鳥伝説」があり、私の研究対象であるハンガリーにも「トゥルル（Turul）伝説」なる金鵄そっくりの話もあります。もっともハンガリーの場合も後年の記述に存在するだけで、伝説として語り継がれたわけでもなく、二〇世紀になってナショナリズムのシンボルとして俄に脚光を浴びただけです。ところで金色に輝く怪鳥が吉祥や正統性を象徴するというのは、中央アジアのみか中国古典でも鳳凰としてシンボル化されていておなじみだったのです。

素人ながらずっと気になっていたのは「金鵄」つまり「金色のトンビ」そのものなのです。もしこれが大きなタカ、つまりワシであったなら権力の象徴として世界各地のみか日本でも頻繁にお目にかかります。でもトンビとなると弁当や油揚げを盗むだけのセコいやつで、中には大きいのもいるのですが、金色に輝いたところで「かわいいじゃん」「よくがんばったね」程度に過ぎないでしょ。せいぜいカラスと張り合う大きさで、金色に輝いたって貫禄もなく「お前帰っていいよ」と言われそうです。そもそも中国古典、例えば『荘子』では「トンビ」は「小物」「まがい物」の例として用いられているのです。「金鵄」なるものが天空に輝くとてつもない存在だと錯覚しがちなのは、明治憲法発布の翌年、一八九〇（明治二三）年に制定された「金鵄勲章」から逆に刷り込まれた後世の創作です。私が近鉄特急で名古屋にゆくときに眺めている八木駅の金鵄像などは、どう見てもワシ以外の何ものでもありません。本物のトンビが見たら怖がって逃げ出すと思います。そういえば紀元二千六百年記念の年からタバコの「ゴールデンバット」が「金鵄」に改名されたのですが、「蝙蝠」を「金鵄」に読み替えたとは、不敬な（笑）話ながら、イメージとしては不自然でもないのではと思います。本来、トンビは庶民に身近な存在で、その辺でいくらでも見つけられましたからね。表情も啼き声もかわいい鳥ですよ。そういえば酒に「金鵄正宗」なる銘柄もありました。私は会社のウェブサイトを調べたのですが、この銘柄は日清戦争後、金鵄勲章にあやかって商標登録したもので、ぜんぜん伝統的な名前でもないのです。[41] このように金鵄をめぐるイメージは一切合切が明治以降に創成された産物で、宣長は言わずもがな江戸の国学者なども一顧だにしていないのは、「からごころ」、つまり中国的創作だと見抜いていたからです。つまりトンビでなく本来的にワシとかタカなどの猛禽を『古事記』撰者は「鵄」の字で想定していたのではないかと推定され、だからこそトミヒコなるまつろわぬ猛者のシンボルたり得たのです。そしてトミヒコから逆に「鵄」を「トビ」と呼んでしまって、まさに明治以降になって「金鵄」は「金色に輝くトンビ」に化けたのです。

『日本書紀』撰定には中国語のネイティブが編纂チームに入っていた事実は確認されているので、「鵄」の字は日本側の当て字ではなかったのですが、同時代の漢字文明圏で「鵄」は「怪鳥」という意味であって、「トンビ」ではなかった点を忘れてはなりません。中国古典では「鵄」や「鴟」をフクロウを指す漢字に当てている例は『山海経』をはじめ豊富にあります。つまり『日本書紀』の編者たちの基本認識では「金鵄」は「鳳凰」でないまでも「怪鳥」として構想されていて、小ぶりで中国では卑称であった「トンビ」であるはずがない。

なお「怪鳥」として金鵄の話を再読すれば、一種の易姓革命＝王位交代のシンボルとして普遍性を持つ点は最近書かれた山田純さんの有名な論文「鵤鵝」という名の天皇」[42]の議論と連結します。山田さんも書いているように、『日本書紀』の鳥名は和訓で読んではならず、おまけに現在の中古以降の漢字表記の該当鳥とは異なる場合もきわめて多いわけです。

吉田　天から金色に輝いて降ってきて正統性を与えるというストーリーはモンゴルなどにもありましたね。

小島　そうなんです。そして正統性を与える鳥が小さなかわいいやつだったら拍子抜けなのです。欧米社会でもアメリカやヨーロッパ、ハプスブルク家やロマノフ家も「大きな鳥」の代表としてワシをエンブレムに用いているのも「天下を睥睨する」イメージです。先程触れたハンガリーの「トゥルル」のイメージを一つお見せしましょうか。これはハヤブサの一種だとかタカだとか言われていてチュルク系の神話にきわめてしばしば登場します。なおハンガリー人は日本でよく言われるようにアジア人でも遊牧民族でもありませんが、チュルク系の言語を話す諸民族が初期にハンガリー人もろともハザール国と言う秩序に組み込まれ、その時期のハンガリーの価値観にも大きな影響を与え

ハンガリーのトゥルル
（Wikipediaハンガリー語版から）

たもので、本当に「金鵄発祥」の話にそっくりです。

「鵄」は「トンビ」でないとするもう一つの仮説は『生駒市誌資料編Ⅰ』にも再録されていた別府大学の富来隆説、つまりトビは鳥の「トンビ」でなく「跳ぶ」から転移した生物で、もともとは蛇ではないかとする見解です。[43] この説の大きな欠陥は「鵄」を「トビ」だと後年の読み方で議論を進めてしまっていることです。これについては後述しますね。生駒山系には蛇にちなむ地名もいくつかあり、蛇だとすると地霊《ガリウス・ロキ》の謂いですから、金鵄発祥神話は今ひとつの「国譲り神話」と読み解けます。そう言えば「金鵄発祥地」の近くに「蛇喰」なる地名もあり、富来さんはここからヒントを得たと皮肉りたくなりますが、「蛇喰」は「山崩れ」の形状に由来する地名です。今のところこの「蛇神」説に継承者を見出せないものの、富来さんは語呂合わせで言っているわけでなく『風土記』やその逸文に出現する地名諸例を比較検討して帰納的に仮説化されています。ちなみに「トビ」とセットの「カリ」は「カネ」の訛音で富来説では「銅」のことらしいです。個人的にはこの仮説は「弓の端に停まる」という書紀の記述とミスマッチを否めず、蛇なら金色でなく白色または銀色に光るのではないかとは茶々を入れたくなりますが、一応仮説として承認しましょう。

吉田　富来さんといえば邪馬台国国東半島説の方ですね。

小島　『卑弥呼』[44]ですよね。この本は金鵄にも関わる蛇神信仰とシャーマニズムの部分は面白く読みましたが、『魏志倭人伝』の読解はどうでしょうか。私は立命館時代に山尾幸久先生の圧倒的な影響下にありまして、テキストそのものを「不完全情報」として把握するとともに、個別情報の偏差をマクロな世界観から逆に再措定する史料批判の方法を学びましたので、やや斜に構えて富来さんの分析を読んでしまいます。輝く蛇の象徴が中国王朝を中心とする東アジアの国際関係において国家統治の正統性証明になり得たでしょうか。

吉田　蛇神信仰というなら大神神社がそうですね。やはりどこかからきたという説もあるみたいですが、一応三輪氏ですから地霊《ガリウス・ロキ》としての設定には矛盾しませんね。

小島　そうなんです。吉野裕子先生によって再考[45]されましたね。つまり蛇神ならそれ自身オーソドキシーを有しますので、「トビ」にわざわざ変化する必要もなく、そのままでないと権威を有しません。原点に戻りましょう。山崎先生の『高山地名考』は詰まるところ高山は「鷹山」の転移だったとされますので、話は一発で「鵄」＝「鳥見《とりみ》」＝「タカ」につながってしまうのです。じゃあ『日本書紀』にきちんと「鵄邑」なる地名を明記されているではないか、とすぐさま反論が来そうですが、山崎先生は、この「鵄邑」の読みこそ後年の付会に過ぎないと「高山地名考」で述べられているのです。「鵄邑」だって「トビムラ」と読んだわけではないのですし、「邑」は中国の行政単位です。山崎先生の見解では「トミ」は文字通り「鳥見《とりみ》」からの転移ということになって、「トンビ」とは無関係に過ぎないとなります。私は『日本書紀』を小学館の『新版日本古典文学全集』でチェックして驚いたことがあります。このヴァージョンの金鵄発祥の部分には「鵄」に注解が施されていて、なんとこの字を「トビ」と読む根拠は『新撰字鏡』の記述だと書かれているのです[46]。この日本最初の漢和辞書は宣長によって罵倒された杜撰な内容ですが、書紀の編纂後約一八〇年後に推測された読みこそ最古の「トビ」の読みであった、つまり逆に「鵄＝トンビ」とは限らない証拠になります。

吉田　そうなるとトビの読みの初見は饒速日を物部氏の祖先と示唆する『先代旧事本紀』の成立とほぼ同じですね。

小島　私の大好きな関裕二氏に『なぜ、饒速日命は長髄彦を裏切ったのか』（ＰＨＰ研究所、二〇一一年）という一冊があります。これは吉備出自の物部氏つまり饒速日と尾張あたりを本拠とする長髄彦の一族の内部分裂を仮説化したスリリングな作品で、私は本書の学問的価値を判断はできません。しかし一点だけ確認しないといけないのは、初期豪族連合の内部秩序再編のプロセスから「怪鳥」のシンボル機能を読み解かないといけないという論点です。最近になって中沢新一さんが『大阪アースダイバー』[47]で書いたために有名になりすぎた話は谷川健一[48]の四天王寺＝物部氏菩提寺説です。中沢さんのヴォキャブラリーを使うとディオニュソス的な土着的原理を抑え込むアポロン的な支配の原理が「四天王寺の鷹」も含む怪鳥の暗示するところらしいです。

これについては一切の批評的眼識を私自身持ち合わせません。ただ物部氏のシンボルを蛇など「地を這うもの」とし、それを抑止する「怪鳥」を大和政権側に比定すると話は一応辻褄が合います。トンビは大蛇に負けてしまいますので、いよいよもって「鵄」は大型禽獣、つまり怪鳥でないとまずいですよね。吉野先生は物部氏こそ蛇神信仰を奉じていたとの仮説を述べられているので、「怪鳥」ならばこの議論は一応辻褄が合います。でも古代王朝などはどうして「怪鳥」をシンボルとしなかったか。元寇の時に神風でなく、なぜ「金鵄」が飛来しなかったのか。まさに金鵄勲章までに至る間、「怪鳥」は国内では正統性付与効果を持ちはしなかった。それはあまりにも大陸的なエキゾティックなイメージであったからでしょう。こうして、国内向けに編集された『古事記』において「金鵄」の話は何くわぬ顔で一切触れられず、漢語をリンガ・フランカとする文化圏・支配者層向けの正史たる『日本書紀』のみの記載に限られたわけです。

いまひとつだけ紹介すると、志田諄一さんの金鵄は「雷」の転化であるとする見解[49]も「天から降る」のイメージですから怪鳥と本質的な相違はないと考えます。さっきハンガリーの「トゥルル」を紹介しましたが、私の住んでいたリトアニアではキリスト教以前の異教信仰では「ペルクナス（Perkūnas）」なる雷神がいて、同種の信仰はインド・ヨーロッパ語族にまことに広範に存在します。怪鳥伝説とともに検討に値する見解です。

吉田　地面から飛び出すのと空から舞って降りてくるとではシンボルとしてはよほど違いますね。

小島　話をまとめましょうか。『日本書紀』に書かれている「鵄邑から鳥見に転じた」と言う叙述は真逆で、そもそも「タカ狩りの山」＝「鷹山」から「鳥《とり》見《み》」の地名が生じ、やがて「トミ」と読まれるようになっていて、これは登美とか桜井の鳥見山や外山《とびやま》へ変化する普遍的に見られる地名由来です。長髄彦の本名と思しきトミヒコもこの「トミ」から生まれた職名であったとも仮定できます。ところが後世の人間が「鵄」の字を「大タカまたはワシのような怪鳥」でなく「トンビ」と誤解したために、「金鵄」は「金のトンビ」になってしまい、さらに中国語であったはずの「鵄邑」を万葉仮名風に読んで「トビムラ」にしてしまった。そこで後世の人は「鳥見」起源の「トミ」「トビ」系地名を一切合切「鵄邑」の訛音として辻褄を合わせたと考えられた。だいたいこんなストーリーでしょうか。

「鳥見」の由来である鷹狩りは日本でいつから始まったのかは諸説あるものの、律令体制では放鷹司なども設置されて体制的文化であったでしょう。[50] 山上憶良の溺愛するタカを失った長歌は有名ですよね。あの歌に詠まれているように、大きなタカの空に舞う勇姿は、二上を背景にして大和平野を睥睨する実に惚れ惚れするビジュアルであったのです。富来説も志田説もともに魅力的ながら、飛騨高山をはじめ日本全国に広範に「鷹狩り」由来の地名、すなわち「高山」「高見」系列の分布や「鷲見《すみ》」などの姓名も分布していますので、山崎説を継承する方が普遍性に連絡します。

吉田　面白いですね。

小島　ここでネックになるのは「タカ」の方は『日本書紀』の有名な仁徳紀に「タカ狩りの始原」の話としてしっかり出てきている部分とどう折り合いをつけるかという問題です。富来説を取らずに鳥とすると、「鷹」と書かずになぜ「鵄」だったかですが、『古事類苑』を見ると「鵄」および「鴟」はトンビと限らず大きな鳥一般を表現した用例がたくさん出てきています。この元祖は『山海経』らしく、『日本書紀』の撰者はきっと読んでいたはずの文献で、鳳凰もここに登場します。

ところでトビをワシのような「怪鳥」と推測する見解は、実は平田篤胤の『古史傳』に遡り、これについては篤胤嫌いの山崎先生も触れられていないようです。面白いのは篤胤は八咫烏と金鵄は同一であるとさえ前提した上で、その本体こそ「天日鷲神《あめのひわしのかみ》」だとも推測していています。用いられている「鷲」の字にもご注意ください。たぶんですが、この辺の字は適当に使われていたとも思われ、明らかにネガティブな意味で怪鳥が用いられる場合は、「鵺《ぬえ》」の字によって差異化したと推測していいと思います。ちなみに山崎先生に大きな影響を与えたと推測される佐伯有義校註の『日本書紀』でも「霊鵄の来るは猶八咫烏の瑞如し」[51]と篤胤を踏襲したかの註がついています。佐伯は「金鵄発祥地」はどこかなど興味ないようで、聖蹟調査によって「富雄」の地に官選されたので「添下郡」と注されるだけです。「生駒郡」と碩学の佐伯が書かなかったのは意味深長でして、「生駒郡北倭村」説など学問の世界には存在しなかったので、佐伯は「添下郡富雄町」を想起したものと推察します。

長々と話しましたが、山崎先生の『高山地名考』は、「鷹山」―「高山」―「鳥見」―「登美」の通底を推測されていた卓見と言うべきで、ここから「鵄邑＝金鵄発祥」という脈絡は牽強付会説として排斥されていたのです。したがって私の「金鵄発祥地」神話批判を結論だけは支持されたのも宜なるかな！です。あっ、山崎先生の語彙が出てしまいました。

吉田 「さらで・だに」、ぼくもよく使います。

小島 いずれにしても「金鵄発祥地」は『日本書紀』撰者の「想定地」と言う意味なので、近年かなり成功した中国語での分析による編者論[52]とも整合性を持つ説明原理を有しなければいけません。同時に「伝承」であると言いたければ、『風土記』及びその逸文、民間伝承をかなり多く保存している『日本霊異記』など、さらに『先代旧事本紀』などの早期の歴史文献に「伝承」の形跡を発見しないと論証にはなっていません。因縁と言いましょうか。私の生まれたのは奈良市富雄、つまり金鵄発祥顕彰碑の建っているちょっと南の今の育英西高校周辺で、生家の記憶も少しあります。確か祖父母が一時的に初芝に転居していた時、母の妹一家がアメリカから帰国後この家を借りていました。私の母は大正一三年生まれにちなんで「十三子《とみこ》」と名付けられ、祖父母は「登美ヶ丘一丁目住宅地」の第一期住民、私はよほど「トミ」と縁のある人間ですね（笑）。トンビとかヒヨドリのような中途半端な大きさの鳥を私は大好きなので、これからはトンビ・ヴァージョンで「金鵄」を自分のトレードマークにしようかなとさえ考え始めています（笑）。吉田さんは世紀の偽書『東日流外三郡誌《つがるそとさんぐんし》』をご存知ですね。

吉田　東北にあった謎の「まつろわぬ」国家の話ですね。そこで思い出したのです。贋作として完膚なき暴露がされた『東日流外三郡誌』を古田武彦などはなぜか評価するでしょう。いつか古田さんに私淑するグループが高山を訪問され「安日彦と長髄彦」の本拠の碑を所望されてご案内したことがあります。僕はこれらの碑はあくまでも「近代」に作られたと強調したのですが。

小島　『東日流外三郡誌』だって『市浦村史資料編』[53]に収録されなかったら騒ぎにならなかったのです。『生駒市誌資料編』もめったな話を記載するといつの間にか「定説」だと言い出す人が現れてしまいますよ。長髄彦の邸宅跡や饒速日の宮跡、つまりいわゆる「白庭」は別に考古学的遺跡もあるわけでなし、まったくのフィクションですね。金鵄発祥の古碑、つまり「金鵄発祥之處」の碑は一九一四（大正三）年に「大阪探勝わらぢ会」が建てた事実は確認できるのですが、「白庭」「長髄彦」「饒速日」などの一連の碑はいったいだれがいつ建てたのでしょうか。さっき話に出た『先代旧事本紀』の記述を素直に読む限り、饒速日は当初今の磐座神社あたりに降臨したものの桜井の外山に移ったとなるわけですから、長髄彦とこんな場所に

白庭の碑（長髄彦の碑も至近にある）

いるはずはないです。

吉田　あの碑が作られたのはいつなんでしょうね。おまけに「白庭」の碑はもともと別の場所に建っていたのを近鉄の白庭台住宅造成のために現在地に移設したのです。すぐ横にあり、おまけに年代も何も書いていないですから逆に本当に歴史的建造物だと誤解する人も出てきそうですね。推測するにいずれも「大阪探勝わらぢ会」の「金鵄」とほぼ同時期に作られたのではないでしょうか。字体もよく似ていますね。ところで「大阪探勝わらぢ会」とはいったいどんな団体なんですか。

小島　私もネットナビをして香川県歴史博物館の主任学芸員をされていた乗松真也さんのウェブサイト[54]ではじめてその何たるかを知りました。ちょっと読み上げてみましょうか。

　旅行団体のはしりである「大阪探勝わらぢ会」は、一九〇六年（明治三九）六月に大阪・奈良府県境に近い千光寺（奈良県平群町）へのハイキングを皮切りに、ほぼ月一回のペースで関西圏に日帰りで出向いた。参加者は老若男女さまざまであった。

　富士登山といった遠方への旅行も稀にあり、一九一〇年（明治四三）一一月には小豆島の寒霞渓（かんかけい　香川県小豆島町）を四七五名で訪れている。寒霞渓登山の際、記念に石碑を建てたことが会の記録に残っておりそのことを裏付けるように現地でも石碑が確認できる。

　その後も「大阪探勝わらぢ会」は、仙酔島（広島県福山市）、女木島（香川県高松市）、道後温泉（愛媛県松山市）など各地に石碑を建てている。寒霞渓での建立契機を参照すれば、いずれの石碑も旅行の記念と考えられる。

以上です。察するに大阪のおそらく都市中流階層の旅行団体の走りで、金満家が多かったかパトロンがいたかはわからないですが、旅行記念に訪問先で記念碑を建立し、豪華なアルバムも出版しています。アルバムの方はヤフオクとか「日本の古本屋」サイトを見ていればたまに売っています。いずれにしても近代ツーリズムによってこれらの「由緒ある碑」が建てられたわけで、それに先行する土地の伝承とかではなかったわけです。

吉田　一九一四（大正三）年と言えば北倭に金鵄会ができた年ですね。『生駒市誌』に収録された池尾宥祥『金鵄発祥史蹟考』を出版する母体になる会です。池尾は長弓寺円生院の住職だった方です。

小島　「大阪探勝わらぢ会」の旅行が金鵄会を創設する契機を作り、「金鵄」など聞いたこともない話が生駒の地に降って湧いたのです。後年に地元青年団の中田さんなどが疑問を呈された所以です。池尾は陽明学者の岡村閑翁の教えた広教学舎に学んだ人で、その岡村は安岡正篤の師として知られる人物です。

吉田　『生駒市誌』は一九八五（昭和六〇）年に全五巻で完結したのですが、今も再編集の声が出ているようです。

小島　『生駒市誌』はしかしひとつ画期的な点があり、これについては私も触れていたはずです。奈良県下の自治体史は確かに整備されてはいるのですが、永島先生の言葉ではご自身を含む「地方史編集団」[55]によるる機械的作業によって執筆され、あえて言えば個性に欠ける官製地方史でした。おまけに永島先生の文章はとても下手くそで愛嬌も含蓄もありません。それに対して『生駒市誌』は生駒高校の藤本寅雄氏、大植繁雄氏など地元の学究によって編纂され、ある意味では画期的な出来事ではあったのです。藤本氏はなかなか味のある名文をお書きになる教養人です。今同じ批評を私が書くとすれば、好意的批判のトーンを絶対に保って書きます。本当に当時の市誌編纂委員の皆様には心からお詫びいたします。

吉田　藤本さんタイプの地元の研究者も後継者がいないまま途絶えてしまいましたね。

小島　もしかしたら『生駒新聞』の存在と藤本氏などの在野学究は関係していたとも思われます。藤本氏は『生駒新聞』によくお書きになっていたし、独自な味のある達意の名文は広く読者を持っていたと思います[56]。今でも藤本氏の文章をよく記憶していますよ。例えば「樫の木」をめぐる伝説についての話とかはきちんとヨーロッパの異教信仰についての蘊蓄を踏まえられていた。その後、生駒市が「市の木」を公募したらなんと「樫」が選ばれたのも藤本氏の文章がものを言ったと確信します。私がリトアニアに住んでいた時期、異教の信仰対象としての樫の木を眺めるたびに藤本氏を思い出していたくらいです。もっとも藤本氏のみならずみんな誤解しているのはヨーロッパの「オーク」は樫でなくナラなのですが。

七〇年代の奈良の地方史研究

吉田　奈良全体で見ると当時の在野の歴史研究はどうだったのでしょう。

小島　歴史科学協議会というマルクス主義歴史学者の学会の支部のような組織が関西には残っています。その奈良の支部にあたる奈良歴史研究会というのがあって、七〇年代はその黄金時代を迎えていました。私も高校時代から会員でして、おまけに大学時代は委員まで務めておりました。その組織の中心は奈良国立文化財研究所の鬼頭清明、奈良女子大の村田修三、そして奈良女子大附属高校の鈴木良などの先生方でした。奈良女子大と奈良大の史学科の学生が中心となり、奈良県教職員組合の先生たちも深く関わっていました。前に述べた浜田博生さん、吉野の林業史研究をされていた谷彌兵衛さん、民権運動史の竹村三男さん、さらに県立図書館の山上豊さんなどがこのグループの奈良地方史研究を支えていました。夭折した東義和さんなどは異端者でしたが、大きくはこの系譜の人物だと括っていいでしょう。東さんと奈良歴史研究会の例会でお会いしたこともあります。この学派の中心人物は大学や研究機関、公立学校の先生でしたから在野というわけでないのですが、公権力に対抗するラディカル・ヒストリアンたちです。さっきの永島先生の「地方史編集団」、つまり天理図書館の平井良朋さん、県立図書館の広吉寿彦先生らの重鎮たちが「制度学派」を形成していたとすると、奈良の地方史研究は二重構造になっていたと言えます。『生駒市誌』編纂委員のメンバーたちは、そのどっちにも属さない根生いの学究たちで、その意味ではとても珍しい存在であったのです。

吉田　奈良女子大の話が出ましたが小路田泰直さんなども奈良研究をされていますね。

小島　今では（二〇二〇年）副学長ですね。小路田さんは私の先輩でして、若い時期から秀才の令名の高かった日本近代史研究の泰斗です。私などはこんなに優秀な人がいるのかと学生時代から瞠目の毎日でした。小路田さんが奈良女子大に来られた最初の時期にさっきの奈良歴史研究会は彼のところに事務局も設置され黄金時代を迎えていました。近代史研究者であった小路田さんが講義で史学史をされていたのか、歴史思想史のような分野から古代史研究にまで幅を広げられ、地域研究としての奈良学を促進されたと推測します。ちょうどその時期に私は日本におりませんでした。奈良女子大は全国ブランドの大学ですので卒業生も奈良に定住するとは限りませんし、小路田さんの奈良学とか高木博志さんなど京大人文研の水木要太郎研究[57]などは一般的に言う地方史研究とは一線を画します。いわゆる「カルチュラル・スタディーズ」というやつですね。奈良歴史研究会も奈良女子大と奈良大を拠点としていた時期にはきちんとしていたのですが、天理大と奈良教育大を根城にしてからは、雰囲気も一変してしまい事実上崩壊しました。ただ天理大の谷山正道さんだけは奈良地方史に深く内在する研究をされ、東義和さんのややせっかちな教条化を実証主義的に刷新され、今後の大和近世史の礎石を築かれました。在野の学究として生駒の面々に近い存在と言えば、民俗学の松本俊吉、そして地名学の池田末則先生あたりでしょうか。松本さんは往年の『大和タイムス』の記者でしたし、池田先生は悠々自適でやっているうちに全国的に有名になってしまわれました。

吉田　谷山先生は生駒にお住まいですが、ぼくが現役時代、『大和国高瀬道常年代記』（清文堂出版、一九九九年）を出されたとき、紹介記事を書かせてもらいました。その後生駒民俗会という民俗探訪グループが刊行した創設二〇、三〇、四〇年の各『記念誌』にご寄稿をお願いしたことがあります。小路田さんの古代海上交通を日本海に想定する考えなどは僕も興味を持ちました。

池田さんの名前が上がったところで「高山地名考」に話題を戻しましょうか。「高山地名考」は『生駒新聞』に連載され、その後『風土』第二号に収録したものですが、日本の古文献や民俗学への深い造詣を踏まえた画期的な内容ですね。地名を歴史的に研究するだけでなく、毎日高山を神職として回りながら考え続けられたフィールドワークの成果でもありますね。

小島　地名の研究は二〇世紀初の吉田東伍の『大日本地名辞書』によって基礎が据えられています。ちょっと余談ですが、今の私の勤務先は「歴史地理学科」と言います。こうした学科は今では珍しいのですが、戦前の師範学校系の学校では一般的に地理と歴史はセットになっていて、ともにナショナリズムの発揚の道具立てでした。日本では系譜の異なった印象を受ける歴史と地理は一緒になってヨーロッパでは展開したわけです。フンボルトとランケの関係を見ればよく理解でき、日本でも明治の徳富蘇峰と志賀重昂はセットにしてもおかしくないでしょう。ただ明治日本の場合、帝国大学の制度知の世界では近代歴史学のディシプリンはちょっとばかりラディカルに機能し[58]、久米邦武のような筆禍も起こしますし、雑誌『歴史地理』を創刊する喜田貞吉の実証主義は南朝正閏論者から袋叩きにあって教科書編纂官の地位を去ります。松本清張の『小説東京帝国大学』はこの話から始まりますね。一方、地理学に至っては帝大理学部において学生を教育し、ヨーロッパと違って地政学的な議論はアカデミズムから起こりにくかった。このためヨーロッパ的な「歴史地理学」は帝大でなく教育者養成機関の師範学校系列の学知として発展したのです。吉田の地名研究はある意味では規範的なナショナリズムの思想的裏打ちによってまとめられてはいるのですが、むしろ実証主義的な文献史学的学風が際立っていますね。

ところが、こうした文献に基づく地名研究の限界を突破し、民衆の営為空間とそのパターンから、今流に言えば社会史的視点から地名の分類と成立過程を意味づけようとしたのが、三〇年代の柳田國男の一連の著作です。この著作は今でも地名研究の原点にすべき視点を与えてくれます。私はかなり早期に山崎先生は柳田の『地名の研究』[59]を読まれていたと思います。

吉田　山崎先生よりはずっと若いのですが池田末則先生と山崎先生にはつながりはあったのでしょうか。

小島　私もそれについては具体的にうかがった記憶はないですが、少なくとも読まれていなかったと考える方が不自然ですね。池田先生の國學院大学に提出された博士論文『日本地名伝承論』[60]を拝読して、私は改めてその学問の深さと大きさに驚愕いたしました。軍隊から戻られてからの若き日には奈良の地方史研究をあれこれ試みられるも、その後は地名研究の泰斗として大成されたわけです。

ところで地名研究では日本全県を網羅した二つの大辞典、すなわち『角川日本地名大辞典』[61]と平凡社の『日本歴史地名体系』[62]がありますよね。私は日本に帰ってきてから少しの間、恩師の西川正雄先生に慫慂されて角川書店の辞書教科書部で『世界史辞典』の嘱託をして食いつないだ時期がありました。東大赤門横の角川本郷ビルの九階に私のデスクがあり、そこには大東の『角川日本地名大辞典』の校正刷も置いてありました。同じビルの二階には外間守善先生の沖縄学研究所もあって、角川の方の舞台裏をちょっぴり存じております。要するに高度経済成長で日本の地名に激動が発生した状況から大きな危機感をもってよく似た企画を二つの出版社が別個に実現したのです。執筆者が被っていたりもしますので、今ならどっちかが企画を引っ込めるところですね。時あたかも、谷川健一先生の地名を守る会の発足も同じ時期（一九七八年）で、谷川先生はその後日本地名研究所を（一九八一年）主宰されます。個人的な思い出で恐縮ですが、谷川先生にはまさにその年に東大教養学部の授業を受講させていただきました。

谷川先生の地名研究は、柳田を継承し網野善彦のいわゆる「社会史」に似た問題提起も潜んでいるのですが、大きく脱線しますので、ここで止めましょう。『生駒市誌』論争の時期には私にしかるべき学力もありませんでしたから、山崎先生の「高山地名考」もきちんと読めなかったのです。

ところで吉田さんは斉藤美澄の『大和志料』をお持ちでしたね。

吉田　大神神社の斉藤美澄《よしずみ》が奈良県の嘱託でまとめた史料集で一九一四（大正三）年に三冊本で奈良県教育会から出たものですね。僕のところにあるのは二巻本のレプリント[63]です。

小島　私が高校時代に愛読していたのもそれです。前川書店の北店のショーケースに並んでいたのを貯めたお年玉を奮発して買いました。斉藤は国学の実証主義史学の部分を継承発展させた神職歴史家で、郷里の酒田でも大きな仕事を残した大学者です。帰国後に私が『角川世界史辞典』を編纂していた本郷角川ビルの部屋では、同じ事務スタッフが『角川日本史辞典』をちょっと前まで作業していて、出たばかりの初版を日本史研究会の大会で執筆者にお渡しする手伝いをしました。まっさらのそれをなんとなく手に取ると、驚くなかれ「斉藤美澄」が「澄美《ますみ》」と誤記されて項目に上がっていたのです。それはともあれ、どの編集委員が選定したのかは知らないのですが、日本史研究総体として斉藤美澄を再評価する動きがあるのだと知りました。つまり斉藤の仕事は全国的に見ても高水準で今なお参着すべき歴史地理の原典の一つであり続けているのです。

吉田　山崎先生の仕事に少し似ていますね。また山崎先生も大先輩の畢生の大作『大和志料』を座右に置かれていたのではないでしょうか。たしかどこかに『大和志料』を「精読、検覈《けんかく》した」と書かれているはずです。

小島　私も奈良県教育会の原版を見せていただいたような違ったような、曖昧な記憶があります。ところで、この『大和志料』は地名・名所旧跡をインデックスとして古典の言及例を『古事類苑』の様式で並べてゆくわけで、要するに『歴史地名大辞典』としてのコンテンツに他ならないわけです。大正時代にあれだけ徹底した地名にまつわる文献調査がされているわけですから、大和の地名研究は他地域と違って出発点がそもそも驚くほど高水準だったと言えます。池田先生や山崎先生の視座と言いましょうか、考え方の基層に斉藤美澄の大きな影が落ちているような気がしてなりません。

吉田　『大和志料』では金鵄発祥地はどうなっているのでしょう。

小島　それなんです。斉藤は既存の地名をインデックスにして確証ある古籍の記述を収集し、そもそも存在していない場所は論外ですから一切の記述はないのです。ただ史跡として存在していた等彌《とみ》神社「鳥見山霊時」の方は『日本書紀』の記述を記載しています。ちなみに「金鵄発祥池」と神武天皇が大和平定の後で建国もしくは国譲りの儀を執り行った「鳥見山霊時」を地理的に分断した事実こそ神武天皇聖蹟調査の政治的妥協の本質を見て取れる典型です。つまり同じ場所か近所だったとストーリーでは読まざるを得ないのに、困りに困って「金鵄発祥池」を北倭、「鳥見山霊畤」を桜井に持っていって手合わせをしたわけです。直木孝次郎先生は先程も触れた『奈良』の中で、「『書紀の記述によれば、神武天皇はこの戦いのまえに宇陀地方から忍坂（迹見の東南一キロの地）にかけての敵と戦っているから、物語におけるナガスネヒコとの戦いの舞台は、桜井市の迹見地方でなければならない」（一二三〜四頁）、と書かれたのも納得できます。桜井の「鳥見山霊畤」の顕彰碑も健在です。なお等彌神社のご神体は天照大神を始め大勢いらっしゃるようで、おまけにイメージキャラクターは八咫烏ですから篤胤的には「金鵄」の正しい解釈となりますね（笑）。

吉田　桜井の方も地元の運動が起こりましたね。

小島　鳥見山靈畤顕彰會ですね。当時の歴史学者の圧倒的大多数は「日本書紀の記述によると磯城郡桜井町外山周辺」に「金鵄発祥地」が想定されていたと把握していたようですから、よもや北大和にそれが官選されるとは夢にも見なかったでしょう。こっちも『金鵄の光』[64]という冊子を出版していて、一九九〇年には岡本彰夫さんの序文を付けて奈良県神道青年会から復刻されています。この本は久米邦武、吉田東伍、高橋城司、渡邊霞亭、中村元次郎などの文章を収録しています。これは豪華執筆陣ですね。高橋はこの時期の旅行作家ですが、中村については存じません。

吉田　渡邊霞亭とは意表を突く名前が登場していますね。

小島　本当ですね。それだけ桜井説は一般化していたわけですね。編者になっている大塚はおそらく出版に際してパトロンとなった山林地主です。さてずいぶん長い話になってしまいました。最後に一言。割合最近編纂された『奈良県史』の「金鵄伝説」[65]の項目は池田先生が書いていて、とても学問的で今後の研究にとっての出発点です。ここでも山崎先生と同じく、「鵄」と「トンビ」に因果関係はないとされ、「鳥部」の転化で、やはり鷹狩との関連を推測されています。私もびっくりしたのは県下だけでも「金鵄発祥」候補地は六つもあったのですね。いずれ明晰でエヴィデンスも示してありますので、ここでは詳しく触れません。

あと忘れられた文献といえば『北倭村風俗誌調』も

読み直されて然るべきです。大学に入学した直後に登大路の奈良県立図書館で私は全文を書き写し、吉田さんのお父様に預け、山崎先生に持参いただき差し上げました。これは当時の奈良県側の調査なのですが、村是のちょっと後に組織的に「村の生業」「略史と伝承」「地理」などを調べたもので、北倭村はこれもレヴェルが高いですね。地元の協力がないとあれだけの調査はできないので、村の知的水準も高く開明的であった事実の反映です。

吉田　あの『風俗誌調』は小島君が筆写されたと聞いてびっくりしましたね。確か高田十郎が編纂委員となり、一九一四（大正四）年に県下の村の生活を調査されたものと思います、僕は帝塚山大学の図書館で奈良県内百カ所余りの各地の調査をザァーと見たことがありますが、北倭村のはたいへんよくできていました。調査員は『北倭村是』と重複する人が多く、村是以来の調査のノウハウを引き継いだものですね。

小島　そうすると金鶏発祥についての注目のはじまった直後ですね。高田十郎の手が入っているとなると荒唐無稽な話は排除しますので、今一度調べなおして見る価値はありますね。

吉田　しかし西本さんもあの『生駒市誌』批判の論陣に『生駒新聞』で思い切って全文を公表した勇気はたいしたものですね。風当たりもきつかったでしょうね。

小島　ノーカットでしたしね。ただならぬご配慮には後年繰り返しお礼を申し上げ続けました。西本さんがあのような決断をされなかったら、現在の私のすべては存在していません。

『北倭村是』表紙

西本喜一と『生駒新聞』

小島　ここで今日の話題のもう一人の焦点である西本喜一さんについて論じたいと思います。私は西本さんを『生駒新聞』の社長として存じ上げていたわけですが、社主としてずっと経営しつつ編集長でもあった方です。まず吉田さんに簡単に西本さんの経歴を述べていただきたいと思います。どっちからにしましょうか。時系列に考えるといいでしょうから『生駒新聞』の前身の『愛郷新聞』について吉田さんにまとまった歴史をお話しいただいていいでしょうか。私たちの時代には「あるのが当然」であった『生駒新聞』も今では知る人も少なくなってしまいました。ネット上論及されもしませんし、西本さんへのインタヴューを基にした四方洋さんのバランスの取れた紹介記事[66]をほぼ唯一の例外として本格的な紹介はされたこともありません。

吉田　『愛郷新聞』はタブロイド版の新聞です。僕の「竹のしずく―芳竹宗匠と『愛郷新聞』のこと―」（本書所収）も参考にしてください。創刊は一九二三（大正一二）年二月一日、毎月一回一日に発行されました。一か月一〇銭。もともと北倭村の青年会の機関誌『愛郷』が母体です。高山の茶筅師・久保健次郎（のち喜太郎襲名）が経営にあたられました。村政、学校便り、団体の動静はもとより、趣味、スポーツ、人物月旦、結婚、訃報まで幅広く報道、村内ほぼ全戸（約一一〇〇戸）に配布、さらに生駒町や近隣の富雄村（奈良市）、田原村（四条畷市）、南山城の普賢寺村（京田辺市）に支局を設けて販路を広げ、重宝がられたと伝えられます。「昭和倶楽部」という劇場も作って演芸会などイヴェントが盛んでした。職業的な記者でもない村の青年が論陣を張り、これらの青年たちはのち村の指導的立場に就いていきます。『愛郷新聞』は人も育てたのですね。全国の新聞事業概況を網羅した『日本新聞年鑑』第三巻（大正一三年版）に『愛郷新聞』が紹介されています。奈良の一農村の小さな新聞が二九行も費やして掲載されたのは異例のことですね。

『愛郷新聞』は一九四〇（昭和一五）年九月から休刊に追い込まれますが、戦後の一九四九（昭和二四）年四月に復刊、その後北倭村が生駒町と合併した一九五

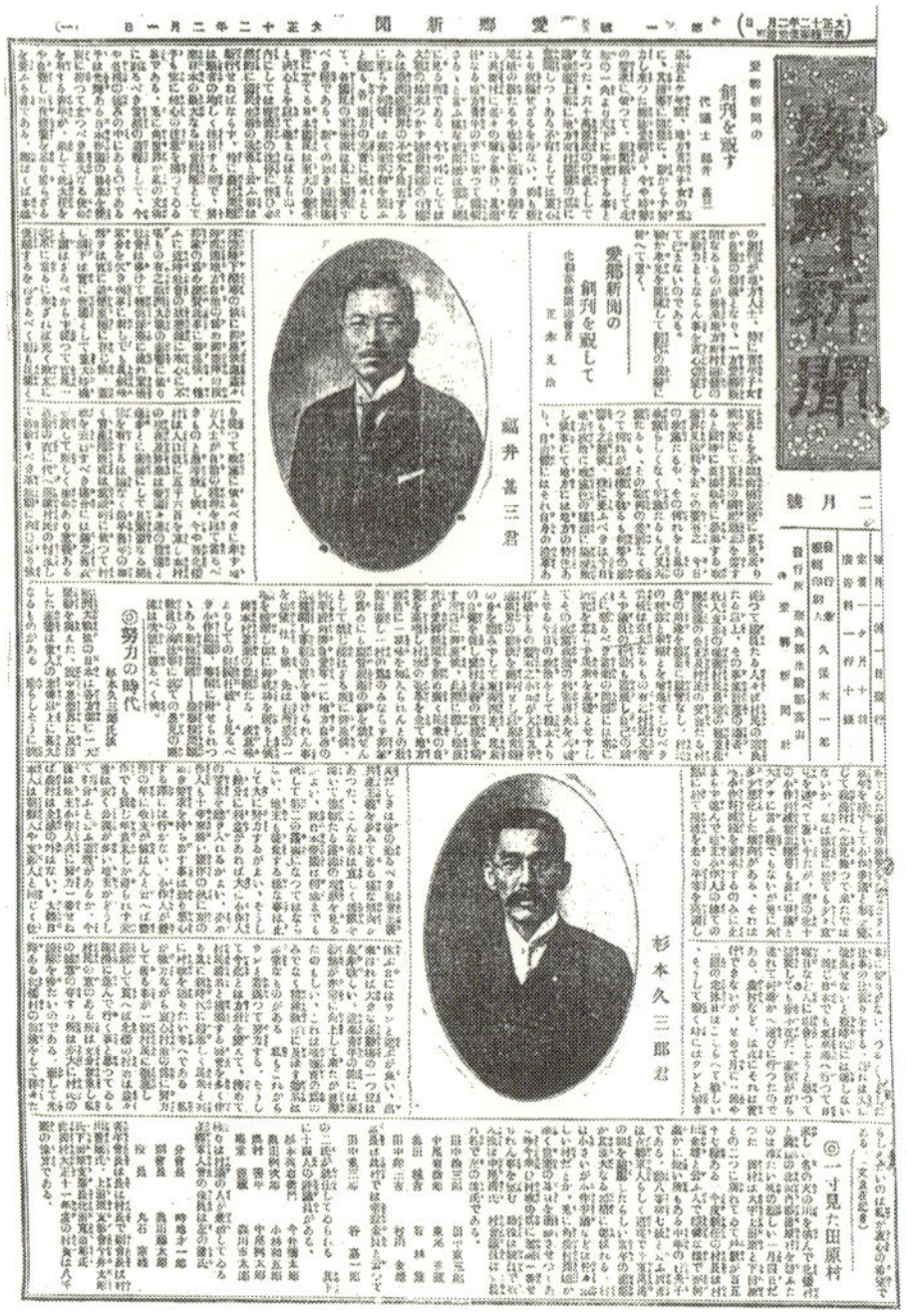
愛郷新聞

福井甚三君

杉本久三郎君

『愛郷新聞』創刊号

七（昭和三二）年四月まで続きました。「愛郷」の題字は通算二五年、四二九号まで発行されました。その二か月後の六月一五日号（四三〇号）から『生駒新聞』に改題スタート。西本さんが全面的に経営、編集を久保家から引き継がれたということです。それまでにも西本さんは協力を惜しまれなかったようです。なお、付け加えておきますと、『愛郷新聞』は今木義法・生駒市文化財保護審議会会長（生駒民俗会会長）のご尽力と、久保家のご英断で、生駒市教育委員会が中心となり保存措置が講じられ、生駒市のデータベースに収録されています。

小島　それは英断ですね。ぜひとも『生駒新聞』全号もデータ化されて公開していただきたいですね。

吉田　そこで、西本さんの経歴について簡単に触れておきますが、西本さんは一九〇三（明治三六）年二月二五日、生駒市山崎町のお生まれで、山崎先生より二歳年下ですね。若い頃は文学青年で、一六歳のとき個人誌『新生』を発行されたり、そのころ、大阪で同人誌を出していた無名時代の劇作家北条秀司と親しくなり、いつも一緒に生駒にできたオペラ劇場で上演される浅草オペラに熱をあげたそうです。この劇場については、近年、所在地を探索したことがありますが、『生駒市誌資料編Ⅱ』しか文献も見つからずどこにあったかわかりません。

小島　Wikipediaに「生駒劇場」[67]として出ていますよ。私の友人の伊東信宏さんの大阪教育大学時代に「生駒劇場」をテーマに卒論を書いた学生もいたと記憶しています。

吉田　そうでしたか。一九二三（大正一二）年、二〇歳の春、家の金三〇〇円を持ち出し、作家を夢見て東京へ出奔したというのは後年よく話されたエピソードです。結局、作家を諦め、一九三二（昭和七）年、夕刊大阪新聞社（大阪新聞、産経新聞の前身）に入社し、のち『生駒新聞』の経営、編集を手がけ、新聞記者一筋で行かれました。一九五九（昭和三四）年に生駒町会議会議員に初当選、四期（一九七一年から市議会議員）一六年務め〝純情議員〟の異名があったようです。生駒の文化発展に果たされた功績は大きく、洋画家でもあった倉病院の倉八千代さんらと生駒市芸術協会結成に参加、二十数年間の副会長を経て同協会連盟理事長や、本職の新聞関係では日本地方新聞連盟副会長、社団法人奈良県新聞協会会長を歴任され、その活動は多彩ですね。西本さんは一九七五（昭和五〇）年一二月四日から三回にわたり「私の昭和五十年―生駒の文化交流―」（本書所収）というタイトルで『産経新聞』に原稿を書かれていまして、そこでご自身について非常に詳しく率直に述べられています。僕は西本さんには自分と重ね合わせて若干類似したものを感じていました。

小島　吉田さんの先輩ですね。

吉田　ええ。当時の青年というのは文学的な発想に目覚めていくものだったのか、なかなかの文学青年でした。後年流行歌の歌詞などで有名になった佐伯孝夫や松村又一といった人たちと一緒に同人雑誌を出したりしています。西本さんは資産家のお生まれなので、自分で資金を出して同人雑誌を出されていましたが、それに飽き足らず、文学で身を立てるには東京だということで、出奔されました。

小島　ということは、旧制郡山中学を出てからですね。

吉田　そうです。

小島　そうすると、旧制中学ですから一八歳ぐらいでしょうか。中学を出ていきなり東京へ行き、文学の運動に飛び込まれたわけですね。

吉田　これはしょっちゅう書かれていることですが、家の金を三〇〇円持ち出したと。当時の三〇〇円というのは大きかったんでしょうね。

小島　かなり大きいんじゃないですか。ざっと見て昭

受勲記念会での西本氏

和初期の一円は今の二五〇〇円程度ですので、七五万円くらい持ち出したわけです。

吉田　東京時代は一年間ぐらいです。家を出て東京へ行かれたのが一九二三（大正一二）年ですね。そこでいろいろな作家の人たちにも出会われた。

小島　激動の時期です。生田春月の家にも出入りしていたとか。

吉田　僕もあまり知らないんですが、生田春月とか、百田宗治とか、サトウハチローとか、今東光とか、そういう方々と文学的交流をしたようです。今東光の家に行ったら大金持ちの息子だったとか言っていました。文学青年の交流というのは、仲間で集まって、作家論やら表現論やらいろいろなことを夜を徹して侃々諤々語り合ったんでしょう。

東京では当時の『文党』や『文藝戦線』に雑文を寄稿していたらしい。ところが間もなく、徴兵検査で帰宅している間の同年九月一日、関東大震災が起こり、東京に置いていた荷物もなにもかも焼失。とはいえ、それからも何回か東京へ行って、また同人雑誌を出したりされています。僕と多少類似点があると思うのは、ある時点で作家になる夢を割とあっさり手放され、たまたま何かのきっかけで『夕刊大阪新聞』に入られているところです。小説家になりたかったんだろうけれども、書くことが好きなんだから、その意欲は持ちながらということだったんでしょう。当時大阪にも新聞はたくさんありましたが、『夕刊大阪新聞』というのは割としっかりしたところだったらしい。

小島　雑誌『文党』は確か村山知義と今東光の一九二五（大正一四）年に創刊した左翼文学誌ですね。政治的タイトルに見える割には非政治的なグループで確かサトウハチローも寄稿していたはずなので、西本さんとサトウハチローの接点はこの雑誌だったのでしょう。『文藝戦線』はこれに対してはっきりしたプロレタリア文学の機関誌で、政治の世界でコミュニストと社会民主主義の対立が深まると社会民主主義に傾くグループの機関誌になったものです。これはいずれにしても西本カラーとは異なる世界かな。少し後の話ですが「私の昭和五十年―生駒の文化交流―」では、一九三八（昭和一三）年五月に天津と奉天で特派員となっていますね。

吉田　特派員といっても、戦争取材ではなくて経済関係だったから、ドンパチの現場へは行かれていません。後方で経済の賑わいを見ておられて、そのときのおもしろさなども具体的に「私の昭和五十年―生駒の文化交流―」に書いておられます。

『産経新聞』は戦時中にいくつかの新聞を統合してできた経済中心の新聞で、戦後になって福沢諭吉創刊の『時事新報』などをさらに統合して東京へ進出しました。総帥はあの東京タワーを作った前田久吉で、経済新聞から一般紙化を図ったわけです。

西本さんは『愛郷新聞』を引き継ぎ、旬刊ローカル紙『生駒新聞』を発行した一九五七年ごろまでサンケイ新聞に勤め、その後もしばらく『サンケイ』の特別通信員を務められたようです。

西本氏の手元に残されていた『産業経済新聞』時代の写真（詳細不明）

周知のごとく一九九二（平成四）年一〇月二〇日号（一六四六号）をもって『生駒新聞』は終刊となります。当時八九歳の西本さんは病に臥され、新聞は一応休刊とし、病床にあって再起に意欲を燃やされていましたが再刊ならず。この年の一〇月には山崎先生が亡くなられ、『生駒新聞』最終号には山崎先生の訃報が報じられています。なんとも象徴的な年となりましたね。西本さん自身はそれから七年の闘病生活を送られ、一九九九（平成一一）年三月五日、九六歳で永眠されました。

　西本さんにこんなエピソードがあるそうです。財団法人柳沢文庫の常務理事だった森田義一さんが大和郡山市の社会教育課長時代のころの話ですが、「西本記者といえば私にはまるで文化部というのか、学芸部の記者でもあるかのように錯覚する。昭和二九年だったと思う。大和郡山市が市政施行を記念して、市歌と郡山小唄、それに音頭を公募した。それぞれ当選作がきまり、作曲も終わり、レコードにも吹き込んだ。しかるに小唄は聞いたこともない名前であったので、私は深く心に止めるともなく発表会の当日を迎えた。するとどうしたことか、招待した当選者の席の一つに西本さんが座っているではないか。『なーあんや、あんただったのか、ペンネームだったのでちっとも知りませんでした』、私は少々バツの悪い想いで西本さんに改めてお祝いを述べたり、敬意を表したり。そして彼のそのような一面叙情派というのか、文学青年ぶりといっていいのか、少しも知らなかった私の頓馬ぶりをいやというほど知らされた」[68]と述べられています。

　さて一九七二（昭和四七）年四月八日、奈良県文化会館で「西本さんの新聞記者生活四十年を記念しあわせて古稀を祝う会」開かれました。一九八三（昭和五八）年五月には歌集『齢』を刊行されました。この詩集は「新聞記者生活五十年と傘寿を祝う会」（五月八日、奈良県文化会館）の記念出版です。一九五三（昭和二八）年から一九八二（昭和五七）年までの歴年の歌と最後に「旅の歌」を収録され、トビラに北条秀司のお祝いの言葉、冒頭に歌人山村公治の「序歌及び序文」を載せられています。

「新聞記者生活五十年と傘寿を祝う会」での西本氏

小島　単純な質問ですが、一九五七（昭和三二）

年に『生駒新聞』、つまり『愛郷新聞』を引き継がれるんですけれども、この年まで『産経新聞』に記者としてお勤めだったんですか。

吉田　現役時の最後は事業部長などもされたんですが、その後は通信員という形で、嘱託みたいな感じですね。何かあったときに産経へ情報を送るということです。一方で『生駒新聞』を発行する。

小島　なるほど。家にお金があったから、そういう形でも生活できたんですね。

吉田　新聞は儲かりませんから、随分つぎ込んだらしいですよ。しかし、『夕刊大阪新聞』に入ったときからの記者魂というか、ジャーナリスト魂というか、そういうものはずっと持続していたんですね。やはり新聞が好きなんです。

小島　一九五七年に『愛郷新聞』を引き継がれてから、一九五九（昭和三四）年に町会議員になられ、町政を担う政治家という仕事をされながらも、基本的に生業としては『生駒新聞』一本でずっと来られたわけですね。

吉田　そうです。生駒町はまず南生駒村と合併し、一九五七（昭和三二）年に北倭村を合併していますこのとき『愛郷新聞』ではちょっとということで、名前を『生駒新聞』に変えたようです。ですから、西本さんが完全に自分で経営・編集を握ったのは、名前を変えたときからと思います。それまでも『愛郷新聞』をやっていた久保さんに西本さんが情報提供などの交流はあったそうですが。

小島　西本さんが所有者になるのが『生駒新聞』になってからで、それまでは編集協力をしたり執筆をしたりという関係だったんですね。

吉田　それで、もうあんたがやってくれるかということになったようです。西本さんの周辺にもいろいろ支援者がいて引き受けられた。『生駒新聞』になったんだから、本拠も生駒に置かなければいけないということで事務所を移転したんですね。

小島　二カ月の休刊後、一九五七（昭和三二）年六月一五日の四三〇号から『生駒新聞』に変わったわけですね。

吉田　それまではずっと月に一回でしたが、旬刊の月三回になりました。

小島　生駒町が生駒市になったのは一九七一（昭和四六）年でしたよね。私の両親が生駒に引っ越してきてからです。生駒市民全員に文鎮か何かが配られたのを覚えています。本当かどうか知りませんが、若干金が入っているということでした。

吉田　印鑑の朱肉が入った形式のものですか。

小島　いや、私の家に配られたのは普通の文鎮でした。両親は軽井沢町というところにいたんですが、平本留吉市長の名前で生駒市制記念ということで文鎮が配られました。ずっと後年まで、うちの母がちぎり絵などをするときに使っていましたので、文鎮の思い出と一緒に一九七一年を覚えているんです。平本市長は確か生駒聖天の参道沿いの仲ノ町で旅館を経営されておられたのではないですか。家に帰る途中でたまに市長さんが歩いておられ、いつも挨拶をすると頭を下げられました。

吉田　小島君がケンカを売ったころかな（笑）。

小島　あれは一九七三（昭和四八）年ですから、もうちょっと後です（笑）。

七〇年代というのは、一九七一年に市制に変わって生駒町が生駒市になり、『生駒新聞』も西本時代一五年を経過して、いろいろなことが盛り上がった時期だったんじゃないですか。西本さんは、一九五九年から生駒町の町議会議員をなさっていて、一九七一年に町議会議長になられていますよね。

吉田　議長といえば、この話もどこかに書いておられますけれども、西本さんは、全部で四期一六年を務められ、一九七五（昭和五〇）年に辞められているんですが、もうかなり古参議員になったから一度議長をやってみないかと、それ以前にも言われていたんです。別にやらないこともないよということだったんですが、ただ、議長をやるからには新聞をやめよ、それが条件だと言われたのだそうです。

新聞をやめよと言うなら議長などしないと言って辞退したと、そういう方です。

『生駒新聞』の文人たち

小島　記憶の限りですが、普通は人口が五万人を超えないと市に昇格できないところを、生駒市は特例措置によって三万五千人で市になったんです。生駒市の人口は今一一万人ぐらいですが、なぜそんなに増えたのかというと、生駒台など、いわゆる新興住宅地、ニュータウンが次々に造成されたからです。当時は、今のように山の中腹まで全部住宅ということはなかったし、近鉄生駒線沿線は深い森か畑でした。軽井沢から眺めると下界一帯には林が広がっていました。生駒駅の北には自然の景観が残っていて、俵口などは全く昔の村でしたね。小さな川も流れていて、その流れで洗濯をしている人もいたりして、まさに牧歌的雰囲気に溢れていました。それこそ空にはトンビがかわいい声でさえずりながら飛んでいた。阪奈道路は通っていましたが、あの辺は昔の田園風景でしたし、北田原、南田原も昔の集落そのものが残っていて、今みたいに全部新興住宅というわけではなかったと思います。大阪から新住民が転居してきて、一発で生駒の人口が増えたと言っても市全体はまだ半分程度は旧来の村落でした。駅の北のほうに大きな郵便局があって、そこを北に曲がると田んぼばかりで、今の万代百貨店の場所にジャスコの店舗が進出するまでは何もなかったのではないでしょうか。

昔のコミュニティ、つまり北生駒、南生駒、高山という昔の自然村みたいなものが継続し、山崎新町から本町あたりは参道文化で栄えた商業地域として残り香を嗅ぐことができた、そんな時代でした。思い出せば生駒参道沿いに検番もあり芸妓さんもいらっしゃいました。私は参道沿いの吉野作りの旧旅館のお宅の一つをよく存じておりました。そのお婆さんにお願いをしていわゆる朝鮮寺のシャーマニズムを紹介してもらった日もありました。山崎新町から山道を逸れて山に入った場所にある曹渓宗の寺院がそれです[69]。しかし市制を施行した直後から生駒は激変したのです。大阪から移住してきた新住民も次第に多数派になり、新住民が生駒の市会議員になるといったことが初めて生じた。また無所属保守の昔ながらの市会議員がほとんどだった市議会も共産党の候補が出現し当選するに至ります。私は選挙ポスターを今も覚えていますが、小阿弥義晴という方が生駒市制史上最初の共産党の市議だったのです。「天理大学文学部国文学科卒」とポスターに書いてあったのも記憶しています。それまで「左」といえば参道沿いにお住まいの社会党の南欣之介さんたった一人だったと思います。南さんはいつも上半身裸のステテコ姿で歩いていたのでよく覚えています。実は『生駒新聞』の私の文を読まれて電話をかけてこられ、頼まれて南さんの後援会のチラシに何か小文を書いたことがあります。何を書いたか完璧に忘れてしまいました。生駒市民のほぼ全部が新住民になっていると思いますので今は昔の物語です。

社会史的に見たら、七〇年代というのは生駒が劇的に変わりつつあった過渡的な時期だった。そして『生駒新聞』にとっても、昔からの生駒の文士の機関紙から、私もその一員だったんですが、新住民にも執筆者や読者を模索し始めた転換期だったのかもわかりません。『生駒新聞』に書かれた有名な執筆者では奈良教育大学の先生で歌人でもあった山村公治氏なども新住民です。生駒台に住んでおられました。ああいう新顔が登場し始めた時期です。

吉田　寺尾勇が『ほろびゆく大和』[70]を出したのも一九六八（昭和四三）年ですからだいたい七〇年代ですね。観光税問題とか県庁の自称校倉建築が問題となって吉村正一郎が仲裁に入ったりしたの[71]もこの時期です。生駒の景観もそれから大きく変わった。中田庄一さんの「二十年後の生駒」も今から読み直さないといけないですね。例の生駒市制移行記念の公募作文で一等になった文です。

小島　まさに時宜を得ていますね。地名に関していうと奈良には面白い現象が起きました。高の原、右京、神功などかつて存在しなかった疑似歴史地名が新興開発地に命名された。

吉田　さっきの白庭台もそうですね。

小島　朱雀も出現しましたね。話を戻すと、西本さんの関係された『文藝戦線』も『文党』も左翼雑誌でしょう。「私の昭和五十年―生駒の文化交流―」を読むと何でもいいから書いていたというようなニュアンスですが、西本さんご本人も左傾していたと思います。中学校で文芸に目覚めたというのがちょっと重要なポイントになっていて、白樺運動の全盛期だったあのころは、白樺教育といって中学校の教員なんかが生徒に人道主義的な理想教育をしたりしていたんですね。その全国の拠点の一つが信州で、「信州白樺」

という言葉がありますが、言うまでもなく奈良も大阪も、理想主義的な情念に燃える若手教員が旧弊を刷新するような実験を教育現場でおこなっていたわけです。西本さんは若いころそれに影響を受けて文学に魅かれていったのではないですか。そして「左傾」する、と言っても倫理的に無垢な「理由なき反抗」の一種に過ぎないといえばそれまででしょうが。

生田春月はその師匠にして義父の生田長江のように左翼思想にコミットしたわけではないのですが、ハイネを日本に広く知らしめた人物ですね。若くして投身自殺をした方で、芥川とは違った意味で不安の時代の代表的人格でありました。すべてこうした人間関係を見てゆくと、恐らく文学に目覚めるとともに理想主義に燃えられた若き青年インテリの姿が出現します。その理想主義的な部分は自由詩の創作とともにあったわけですが、あえて過剰な部分を禁欲して編集者として夢を西本さんは見続けた。編集とは理想を紡ぐ企てです。私は、西本さんは一生を通じて理想主義的な文学運動をした人であり、その同人誌の名前が『生駒新聞』であったと考えます。今から思えば、あれは同人誌だったんです。そうは思われませんか。

吉田　なるほどね。

小島　アンテナを高くして、何かちょっと文章力のある人にいろいろな機会を提供していたんです。私なんかは生意気な高校生で、まともな文など書けもしませんでしたが。

吉田　西本さんはジャーナリストとして一つの見方にとらわれない方だったとは思います。ジャーナリストといってもいろいろですが、つまり、一つ何かがあれば、それに対してこっちもある、あっちもあると、新聞記者には何かそういうところがあるんですね。例えば、一つの方向に固まった新聞だと、いろんな原稿が来ても、こちらは全く載せないけれどもこちらは載せるというふうに片方の宣伝機関になってしまいますが、そういうことを一番嫌われました。特に西本さんの場合、町にとっても重要人物の一人ですから、風当たりはきつかったと思うんですが。

小島　きついでしょうね。

吉田　しかし、私が見ている限り、そんな風当たりを全然感じませんでした。

小島　私のめちゃめちゃな跳ね上がった原稿を、よくぞ全部載せたものだと思います。

吉田　僕も最近、切り抜いてあったものを読んだりしていますが、小島君の「論争以後十五年」（本書所収）なんか読んでも、なかなかのものですよ。説得力がある。

小島　そうですか。あれは中央公論社から『ハンガリー事件と日本』（一九八七年）という本を出した直後にシカゴから送った原稿でしょうか。その後、ハンガリーやボストンからエアメールで投稿したのを西本さんが載せてくれたんです。吉田さんがおっしゃるように、西本さんは一貫したジャーナリストで、異なった見解のあるものは公平に場を提供するというジャーナリズムの精神をずっとお持ちでしたし、一つの党派で固まるということはなさいませんでした。それとともに、やはり根本的に詩人だったと私は思います。西本さんが『生駒新聞』の一月一日号の巻頭に「西本洸」名義で詩を書かれていましたが、清々しい新鮮な詩でしたよね。何といいましょうか、襟を正すぐらい新鮮で、毎年楽しみにしていました。最後まで現役の詩人だった西本さんの面目躍如です。西本さんの詩の世界はすばらしく、思い切って詩人としての道を追求されても、松村又一のように作詞家としての進路をとられても成功された可能性が高いと思います。

ついでに言っておきますと、山崎先生は俳句をされたらよかったんだろうと思います。俳句はメタファーを文学的戦略とする一つの叙情詩の世界ですから山崎先生のレトリックの精神は完璧に生かされます。この対談の冒頭部分で山崎先生のエッセイのタイトルはどれも詩作品だと申し上げましたが、その手法の延長上に俳句は完成できます。つまり俳句はメタファーをもって空白《タブララサ》をシニフィエする文学戦略に他ならず、空白《タブララサ》を説明してゆけば望み次第では長編作品にすらなり得ます。吉本隆明の『源実朝』[72]論を受け売りするわけではないのですが、短歌は小説ならぬ完結した短編物語なのです。これは山崎先生の得意分野ではなかった。一方で西本さんのよくされた自由詩は和歌にも短編小説にも通底するわけですから、文学という領域では両人は補完しあっていたと見ていいのではないでしょうか。ともあれ西本さんは最後まで現役の詩人であり、かつ歌人でもあったと思います。

吉田　そうですね。

小島　西本さんの経営者以外の側面について、何かご記憶はありませんか。吉水さん、どうですか。

吉水　私も毎年いただいたく年賀状の詩を楽しみにしていました。

ただ、参道郵便局からおうちまで西本さんの土地だったみたいなんですが、それを全部売ってこっち側につぎ込んだから、おうちの方はたいへんだったでしょうね（笑）。

小島　なるほど。そういう背景があったわけですね。

吉水　でも、いい方です。私も大事にしてもらっていました。

小島　そうですか。吉水さん、平田さんってご記憶ないですか。全く頭に毛のない穏やかなご老人です。山崎新町にお住まいで、参道の中腹ぐらいにいらっしゃったんです。吉田さんの「山崎清吉先生と私」にも西本さんが四百字の小さい原稿用紙を送ってきたという話が出てきますが、その原稿用紙を平田さんが私の軽井沢の家までお持ちになって、西本さんがこれに書いてくださいと言っているとおっしゃったのを覚えています。共済会館のヤマトで鍋かなんかをしたときもいらっしゃっていました。

吉田　僕も行きましたね。

吉永　平田さんは記憶にありませんね。私よりもずっと前に事務をなさっておられたのではないでしょうか。

小島　ご記憶ないですか。「本町四の八」の生駒新聞社の事務所には、私たちのころはずっと平田さんがいらした。そもそも西本さんと吉田さんは、原稿を書かれたことが出会いだったんですか。産経の先輩・後輩関係などは全然なかったわけですか。

吉田　あの方が産経に関係していることは、周辺の方も知っていましたし、僕も知っていました。ただ、山崎先生と西本さんはご本人同士よくご存じだったんですが、僕はそれまで西本さんにお目にかかったことがなかったんです。一番印象に残っているのは、ちょっと「二人の文人」にも書きました。メモによると一九六九（昭和四四）年四月二〇日のことですが、僕が初めて西本さんに出会った日に一つの研究会が生まれた。僕の二九歳の時です。その日は生駒の郷土文化について話し合おうということになっていて、高山八幡宮の拝殿の前で待っていたんですね。すると、暑い日だったんですが、背広を抱えて、刷り上がったばかりの新聞を持って、西本さんが先頭を切って石段を上がってこられ、下からいろいろな人がぞろぞろついてこられました。山崎先生と挨拶をしてすぐ、拝殿と並んだ無足人座という座小屋に藁座布団を敷き、みんなで車座になって話を始めたんですが、そのとき初めて西本さんを見ました。大きなガラガラ声だったのが印象に残ります。メンバーには、生駒の方はよく知りませんでしたが、あとから思うと、藤本寅雄さんや大植繁雄先生ら『生駒市誌』編纂を進めている先生方が顔をそろえていらっしゃった。その中には地元高山の正木榮先生や上町の長弓寺塔頭宝光院住職の里村心照さんの姿も見られました。山崎先生の講話のあと、衆議一決、生駒郷土文化研究会を立ち上げようということになったようです。それまで生駒町には、市街地の生駒と北部の高山にはそうしたものがなかったのですね。二年後に市制施行を控え、郷土文化に対する見直しの機運が出てきたのでしょうか。生駒側から西本さん、高山の正木さん、上町の里村さんが研究会の幹事に選ばれたようです。ただ、僕自身は仕事の関係で研究会にはほとんど参加せず、研究会がその後どうなったのか知りませんでした。ヒマができれば八幡宮に入り浸っていましたけれども。一〇年後の一九七九（昭和五四）年に生駒の石仏研究家の今井正弘先生が生駒民俗会を旗揚げされ、郷土研究会の主要メンバーが合流しているのを見て、僕の見立てではこの研究会が発展的に解消し、生駒民俗会につながったのではないかと思っています。里村さんが別に生駒市郷土文化研究所を立ち上げられ、のち「三郷会《みさと》」として続けられていたようです。

小島　里村心照さんのお名前などもはや地元でも誰一人知らないのではないですか。いろんな興味をお持ちになっていた方ですね。

吉田　里村さんといえば、山崎先生とよく旧跡めぐりをしたとき、時たま同行されました。遠方の名刹を尋ねると、里村さんはまずお経をあげられて先方の心を和らげる役割でした。一九八三（昭和五八）年の夏でしたか、里村さんから、宝光院のご本尊で解体修理中の地蔵菩薩（県指定文化財）を見にいらっしゃいとお誘いがあり、山崎先生と一緒に出かけたことがあります。大広間に地蔵菩薩の頭部、胴、脚部と分解され並べられ、その頭部の内部に墨書があるのが珍しく拝見しました。

　里村さん没後、後継者がなく宝光院は廃絶、今は建物もありませんが、ご本尊は長弓寺参道入り口に近い地蔵堂の屋形に保存されています。宝光院は廃絶しましたが、里村さんは一九九一（平成三）年に『宝光院』（私家版）という編著書を出版されています。この本は吉水さんからいただいたものでしたね。

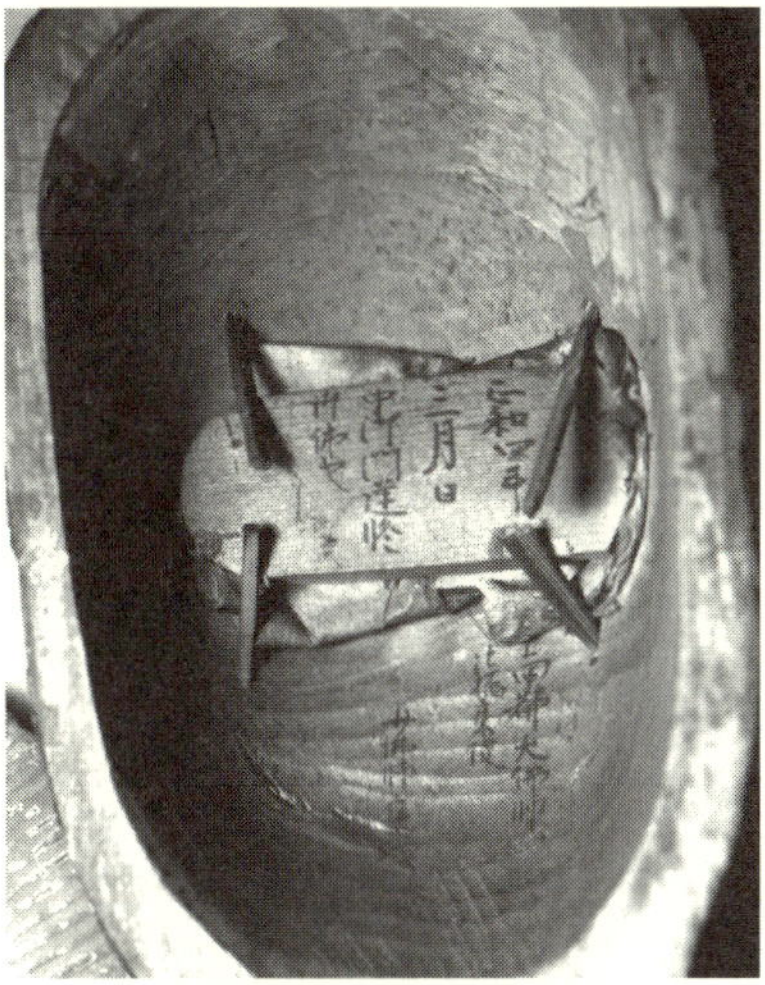

長弓寺宝光院地蔵菩薩頭部の墨書

吉水　はい、里村さんからいただきましたが、私が持っていても…。里村さんはよく生駒新聞社の事務所にこられました。写真が趣味らしく、ベレー帽に作務衣姿、首からカメラをぶら下げておられた姿が思い出されます。

吉田　『宝光院』は先代住職でご尊父の里村心城師の一七回忌に合わせた心照さんの「わが父を語る」と、宝光院出身で豊山長谷寺一七世の傑僧、隆慶僧正の伝記が収録されています。この心城師がまた、えらい方で長年長弓寺の住職を務め、一九三五（昭和一〇）年の長弓寺本堂の解体修理の中心的役割をはたされました。この本堂は建物では生駒地域で唯一の国宝になっています。心城師は寺に生まれなかったら画家になっていたという在野の画家で知られ、仏画など多くの作品も残されたようです。

小島　あの時代の人々は「そして誰もいなくなった」。残されたのは吉田さんと私の二人だけです。西本さんの声を私も昨日のように覚えています。

吉田　人と接するときは常に笑顔を絶やさなかった。

小島　そうですね。全然人と距離なく、威張りもせず、仲間みたいに声をかけていただきました。

吉田　「記者生活四十年と古希を祝う会」のときには、案内状が来たんですが、一筆書きで「君も発起人の一人だからな」と（笑）。私の知らないうちに発起人に名前が入っていました。

小島　吉田さんも私あてのメールに書かれていましたが、山崎先生の文章を全部ざーっと読んでわかるのは、西本さんが実にたくさん山崎先生に文章を書かせていることです。これを書いてくれ、あれを書いてくれと注文しているんですね。「西本君からの依頼で」と書かれていたり、ちょっと原稿が遅れると西本さんが謝りの文を添えたりしています。

　当たり前の指摘ながら、編集者・西本喜一がいなかったら、七〇年代のあの山崎先生の活躍はなかったのではないか。割合短い文学エッセイみたいなものは書かれていましたが、長期連載などは、実は西本さんが裏方におられたんですね。この二人の出会いがなかったら、『生駒新聞』の黄金時代はなかったし、山崎先生の活躍もなかったし、あらゆるものがなかったのだなということに気がつきます。ご両人ともに七〇歳代、今の七〇歳代はまだ現役で仕事もできる反面、やや大きな目ですべてを眺められる境位でしょう。戦前の還暦を過ぎたくらいの感じですね。お二人は戦前の人ですが、ずっと現役でしたので二人にとっての七〇歳代は遅れてきた大成の時代だったのです。

吉田　西本さんは各文化団体・芸術団体にいろいろ仕掛けておられますよね。一九六七（昭和四二）年に創設された生駒市芸術協会（現在の芸術協会連盟）も西本さんの采配で、倉病院の倉八千代さんが事務局を作られたものですね。西本さんは生駒の文化というか芸術を広い目で見る立場にあったわけです。そういう中でも忘れず山崎先生に声をかけたということは、やはりそこに存在意義があったんでしょうね。

小島　奈良県を全部調べたわけではないんですが、『生駒新聞』のような媒体はどこにもなかったんじゃないですか。全国的にもこれくらい高い水準の自治体単位の新聞は戦後にはほぼありません。田村紀夫さんという地方新聞やミニコミ紙、タウン誌の研究者がいるのですが、私が田村さんの研究[73]を読んだところ

平成4年10月20日　生駒新聞　（第1646号）

生駒新聞

それぞれ優勝

ソフトは萩の台と東菜畑二丁目A

バレーは生駒台A、バドミントンはペガサス、ゲートボールは西菜畑A

—生駒市民体育祭—

開会式

ソフトボール

バレーボール

バドミントン

ゲートボール

自治会対抗ソフトボール大会

みんなでまちをきれいに

時の人

生駒市教育長に就任の

中谷泰一郎氏

和泉雅子さんの講演「笑ってよ北極点」

—二日　文化ホール—

青少年作文コンクールの発表会は31日中央公民館小ホール

さかい　元町3-211　TEL 5-237

『生駒新聞』最終号

では、運動体とか政治団体などを背景にしたローカル紙はあっても、まるで文芸同人誌延長のような新聞が数十年も継続して発行され、おまけにどこに出しても恥ずかしくない水準を地元文士だけで維持したなどというケースは前代未聞です。かなり性質は異なりますが、一九四八年から三〇年継続したむのたけじ氏の『たいまつ』くらいしか想起できません。将来、ジャーナリズム研究を志す若き研究者も日本の若き精神のあり方を再認するために『生駒新聞』を勉強してほしいと思います。普通はだんだん陳腐化するのですが、よくぞ最後まで干からびずに続きましたね。山崎先生が亡くなったのがちょうど廃刊と重なったというのも、まったく偶然とは思えない気がします。

吉田　そうですね。

小島　吉水さん、西本さんについて、今記録しておいたほうがいいようなエピソードをご存じですか。

吉水　私が『生駒新聞』に寄せてもらったころはもう月に一回か二回タクシーで来られる程度で、二、三〇分いて帰るだけでしたからね。その後は入院したりなさって、私が原稿を持って倉病院や自宅へ行き、また取りに行って郡山の印刷屋さんに入れていました。

小島　吉水さんが『生駒新聞』に事務としてかかわられたのは何年のことですか。

吉田　一九七五（昭和五〇）年ぐらいかな。

小島　一九七五年というと、私はもう立命館大学に入学して京都に引っ越していたんですね。上洛して以降、しばらく生駒と疎遠になったんです。私の知っている『生駒新聞』時代の事務は平田さんでしたから、それで存じ上げないんですね。吉水さんは西本さんが亡くなるまでお世話をなさったわけですか。

吉水　介護をさせていただきました。

小島　吉田さんは『生駒新聞』を通じてずっと吉水さんともかかわりを持たれていたんですか。

吉田　生駒民俗会という会で彼女は長年役員をされています。

小島　吉水さんは生駒郷土研究会ともかかわりを持たれていたんですか。

吉水　郷土研究会は名前も知りませんでした。

小島　そうですか。吉田さんの「山崎清吉先生と私」を見て、ひょっとしたら吉田さんと出会っていたかもわからないなと思うのは、生駒市の公民館で一九七一（昭和四六）年二月七日の渡辺国武氏所蔵の刀剣見学会です。そこへ私は行ったんです。

吉田　生駒郷土研究会の会合ですね。実物を見ながら話を聞く会でした。それなら会っているはずですね。

小島　会っていますよね。行って話を聞いて、触らせていただいたりもしたんです。あの年譜を見て、私も行っていたことを思い出しました。生駒郷土研究会に参加させていただいたのは、それが二回目なんです。一回目は、美努岡萬連《みぬのおかまろのむらじ》でしたか、その古碑みたいなものを見に行ったのを覚えています。あの辺を歩く会みたいなことをなさいませんでしたか。

吉田　やっているはずです。

小島　そのときチューターをしていたのが大植繁雄さんでした。いろいろな解説を聞きながら一緒に歩いたのを覚えています。大植さんのことをみんな「先生」と呼んでいて、何のご縁で「先生」と呼ぶのかずっとなぞでした。あれはなぜですか。非常勤で大手前女子大学の講師をなさっていたからですか。

吉田　どこかの高校の校長か何かをされていたんじゃないですか。のち生駒市教育委員会委員長をされています。

吉水　全然知りませんが、私の近くに寄ってこられる方はみんな「先生」と。

小島　みんなそう言っていたんですね。藤本寅雄さんなんかも一緒にいらっしゃっていたのを覚えています。

吉田　ちょっと一点だけ山崎先生のことで言っておきたいんですが、先生が神職として初めて赴任されて来られたころ、地元の人に聞くと、高山八幡宮はかなり荒廃していたんですね。先生が少しずつきれいにしていかれて、戦時中はリチャード・ポンソンビー（Richard Arthur Brabazon Ponsonby-Fane）が国宝級の発見をしたとの話もありましたが、各新聞にかなり高山八幡宮をアピールし、訴えかけて交流をされました。例えば、何かを発見したとか、ここに神像があるとか、そういう情報が山崎先生から新聞社に対して多く出ていると思うんです（「山崎清吉先生と私」参照）。

小島　若い頃新聞記者をなさっていたから、その辺のアンテナは高いし、ネットワークも上手に使われたことでしょう。しかしポンソンビーとは忘れられた名前ですね。アーネスト・サトウに次いで完璧な日本語で日本神道を研究したホンモノの怪物です。日本に過剰に同化してしまったように見えますが、あれは英国知識人の典型のタイプです。[74] 神道を内在的に理解しようと努めましたし、おまけにヨーロッパ人にも納得できる普遍概念で説明もきちんとした大学者で、アーネスト・サトウのように選集などが例えば東洋文庫などに収まるといいとずっと考えています。

吉田　そして戦後は、高山八幡宮を国の重要文化財にするという一つの目標を立て、ご本人の宮司としての役割を果たそうとされたのかと思います。重要文化財の指定というのは、やはり人脈とかタイミングとかいろいろあるんですね。それで、関心を持ってくれる人に対して働きかけておられた。ところが、例えばその方が文部省へ帰ったりすると、すぐ途切れてしまうんですね。そうすると、もうほったらかしになって、その方がまた戻ってきても全然進んでいないといったことでした。

そういう交渉を繰り返しながら、最後いよいよ重文に指定される、もう本部から言ってくるからとなったとき、ちょっと山崎先生はへそを曲げられたんですね。これまでこれだけやってきたのに何の連絡もしないで、今さらしてやるとは何だ、もう重文になんかし

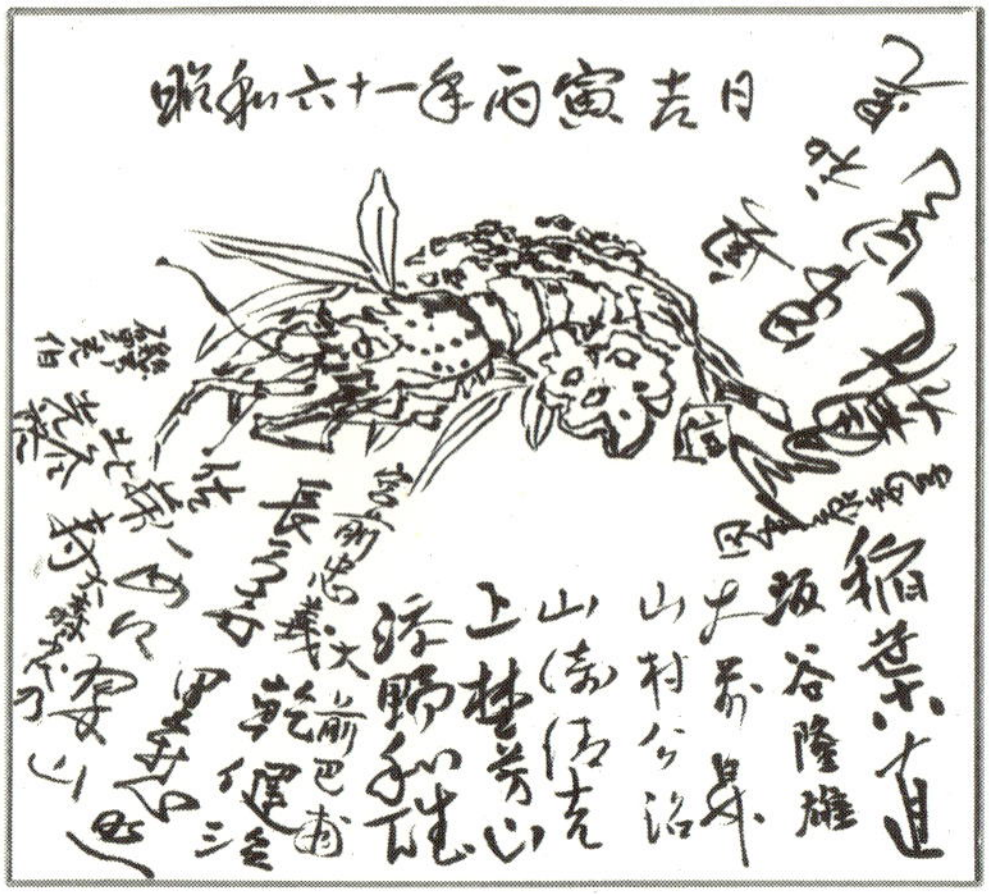

『生駒新聞』主要執筆陣や関係者の揮毫色紙（1986年）

てくれなくていいよということを言われた。そうすると今度奈良県側が、それでは困るとなった。

小島　先生のエッセイの中にも何かお金の話がありましたね。

吉田　最後には重文になったんですが、そのために五〇年ほどかかったんですね。そのことについても、『生駒新聞』に四回ほど、柿本人麻呂の歌を引き合いに出して、「かぎろひの立つ見えて」で書かれています。

小島　「かへり見すれば　月傾きぬ」ですね。

吉田　『万葉集』の話かと思って読んだら高山八幡宮の重文化の話でした。いかに執念を持って重文にしたかというコメントを最後にみずから書いておられましたが、これは山崎先生だけじゃなくて、氏子のみなさんも記憶しておいてほしいですね。

小島　西本さんは市会議員として、文化財行政などにかかわっていたということはないんですか。

吉田　西本さんは一九八七（昭和六二）年春の叙勲で勲六等単光旭日章を受けておられますが、この叙勲は主として自治功労者の名目だったそうです。しかし大前昇さん（生駒市文芸化協会長）という方が『生駒新聞』に「本当は文化運動、文化行政といったものに対する功績で受勲されたと思う」と書いておられ[75]、なるほどなと思いました。

小島　そうですね。毎号のように芸術協会の倉さんと高山の冠句の会が連載をされていて、『生駒新聞』がすべての発表母体になっていました。さっき申し上げましたが、まさに同人誌的側面があって、『生駒新聞』がなければ生駒市の文化運動は盛り上がらなかったんですね。焦点に西本さんというマスコミ出身者がいて、若いころの詩的情熱を亡くなるまでずっと保たれ、組織をずっと継続されたわけです。

吉田　その側面は大きいですね。西本さんの歌集『齢』のトビラに北条秀司のお祝いの言葉があります。全文を紹介すると、

　生駒の山にオペラ劇場
　ありしこと人知るや
　振り分け髪の喜一と秀
　司それを見たり
　そのうるわし髪も消え
　失せて光かがやく傘寿を迎う
　悲しけれどもおめでとう
　　　　　　北條秀司

　また冒頭には歌人山村公治さんの「序歌」一〇首の内、

　かぎりなきロマン抱けば君自ら設けぬ生駒新聞社芸術賞
　人をほめ功をたたへてこし九年君の白髪つやつやとして
　日日に一首を記し幾十年君の五千五百三十九首を読みぬ

　山村さんは「（西本）氏の作る新聞が、随所に香りを発散し、時に酔えば朗々として斬新な詩を口ずさむ。文学芸術に寄せる心高く、自らの財をもって芸術賞を設置したのもかぎりないロマンへの情熱にほかならない」と「齢八十歳、記者五十年」を祝ったうえ、山村さんが五千五百余首から選んだ歌の内ごく一部を、抜粋されています。

　死ぬ日まで新聞記者をやめぬというわが挨拶に拍手の起る
　満開のさくらぬらして降る雨にいつしかきょうも暮れてゆくなり

六月の夕となりておちこちに麦がらを焼く煙たゆたう
法隆寺法起寺の塔望む地に最新式の焼却炉建つ
桃畑の桃の小枝の紙袋一月の風に寒々と鳴る

こんな感じです。

小島　吉水さん、西本さんの最晩年についてちょっとお教えいただけませんでしょうか。西本さんが病の床に倒れられ、何か残された言葉などはご記憶ですか。最後までずっと本を読まれていたとか。

吉水　それはわかりません。ほとんど事務所には出てこられず、私は原稿を持っていったりはしていました。入院された後、家で寝込まれていたときに、ご指名でに来てほしいというので、五年ほど世話のお手伝いをさせていただいたんです。

小島　信頼なさっていたわけですね。

吉田　僕は寝ておられるときに一遍伺いましたが、何とか新聞を再開したいと最後まで言っておられました。そんなこと言ってももう動けないのに、それでも情熱を失わずにおられて、昔の人はすごいなと思いましたね。

吉水　最後は倉病院で亡くなられたんです。

小島　倉病院で亡くなられたというのもご縁ですよね。倉さんというのは、さっきも話題にしましたが、生駒市の芸術協会の代表で、美術や写真などいろんなアーティストを網羅された方ですから。

　何はさておき今回言いたいのは、西本喜一というエディター、プロモーターと山崎清吉という文士、文化人の二人が共鳴して七〇年代の生駒の文化をつくり上げたということです。個人的にも、少なくとも私に関しては、あの時期がなかったら人生が全然違っていたと思います。生駒の歴史や文化財にしたって、七〇年代までは近畿日本ブックスの『生駒・平群』[76]だけしか手がかりもなく、どこに行ってもあの本を敷衍していた状況が一気に変化し、多士済々になったわけですね。きっと吉田さんにとっても、あの日々は大きな意味を持つんじゃないかと思いますが、どうでしょうか。

吉田　確かにそうですね。今から思い出すとあの時代が僕の人生すべての出発だったのですね。

注

1 古川隆久『皇紀・万博・オリンピック─皇室ブランドと経済発展』(中公新書、一九九八年)、ケネス・ルオフ『紀元二千六百年 消費と観光のナショナリズム』(朝日新聞社、二〇一〇年)
2 丸谷才一『日本語のために』(新潮社、一九七四年)
3 とりわけ松尾尊兊『大正デモクラシー』(岩波書店、一九七四年)の影響力は大きかった。
4 この矢野騒動については、東義和「明治元年の世直し─生駒谷矢野騒動の分析を中心として」(『歴史学研究』四一六号、一九七五年)で広く知られるようになった。東義和氏(当時、大阪教育大学助教授)は若くして夭折された奈良近世史研究の気鋭の研究者であった。小島亮「ある大和史観①〜④」(『生駒新聞』一九九一年一月一〇日〜二月一〇日)を参照。
5 浜田博生「国民的歴史学運動の私とその後」(歴史科学協議会『歴史評論』二六七号、一九七二年)
6 林基『百姓一揆の伝統』(新評論、一九五五年)は『続 百姓一揆の伝統』(新評論、一九七一年)出版時に同時復刻された。
7 芳賀登『地方史の思想』(NHKブックス、一九七二年)
8 『日本民衆の歴史』全一一巻(三省堂、一九七四〜五年)
9 前野直彬『風月無尽─中国の古典と自然』(東京大学出版会、一九七二年)
10 谷沢永一『署名のある紙礫 私の書物随筆』(浪速書林、一九七四年)
11 車屋長吉『贋世捨人』(新潮社、二〇〇二年)
12 大澤聡「『流動』─新左翼系総会屋雑誌と対抗的言論空間」(竹内洋、佐藤卓己、稲垣恭子『日本の論壇雑誌』創元社、二〇一四年、所収)
13 江藤淳『夜の紅茶─随想集』(北洋社、一九七二年)
14 足立巻一『やちまた』上下(河出書房新社、一九七五年)
15 時期的に川合の『マルキシズムの哲学的批判』(青年教育普及会、一九三二年)、や『日本精神と社会の本質構造との関係に関する研究序説』(日本文化協会出版部〈国民精神文化研究 第二年 第七冊〉、一九三五年)あたりは参照されていると推測される。
16 https://dl.ndl.go.jp/info:ndljp/pid/1172831
17 村岡典嗣『本居宣長』(岩波書店、一九二八年)
18 羽仁五郎『日本における近代思想の前提』(岩波書店、一九四九年)。なお宣長に関する収録諸論考「国学の誕生」「国学の限界」は戦前に公刊されていた。
19 菅野聡美『〈変態〉の時代』(講談社新書、二〇〇五

年）
20　丸山眞男『日本政治思想史研究』（東京大学出版会、一九五二年）
21　高木市之助『吉野の鮎　記紀万葉雑攷』（岩波書店、一九四一年）
22　林屋辰三郎『歌舞伎以前』（岩波書店、一九五四年）
23　谷佳憲「宣長学の成立と『荘子』受容：賀茂真淵との比較を通じて」（『学習院大学大学院日本語日本文学』一号、二〇〇五年）
24　山崎清吉「神話慕情」、『大和タイムス』一九七二年七月二九日
25　片山杜秀『近代日本の右翼思想』（講談社、二〇〇七年）、さらに『皇国史観』（文藝春秋、二〇二〇年）を参照。
26　野口省吾「大和高山の宮座（一）（二）─奈良県生駒市高山町─」（社会学研究会『ソシオロジ』一八巻三号、一九巻一号、ともに一九七四年）。なおネット上の論文コミュニティ・サイトJ-Stageで現在公開されている(https://www.jstage.jst.go. jp/article/soshioroji/18/3/18_90/_article/-char/ja/　およびhttps://www.jstage.jst.go.jp/article/soshioroji/19/1/19_79/_article/-char/ja/)。
27　野口省吾「村落における宗教生活の諸相─奈良県磯城郡川西村下永部落の場合」、社会学研究会『ソシオロジ』一五巻一号、一九六九年
28　白洲正子『十一面観音巡礼』（新潮社、一九七五年）。なおこれは『芸術新潮』に一六回にわたって一九七四～五年に連載された。「─9─登美の小河」で高山行が書かれている。
29　読売新聞大阪本社編『国境物語：大和の歴史と旅』（広済堂出版、一九七五年）
30　三好昭一郎「徳島藩における茶筅制度について」（徳島地方史研究会『史窓』四号、一九七四年）
31　別冊『太陽』「茶」特集、一九七三年九月
32　永島福太郎『高山茶筅の起こり』（なにわリンデンブックス、一九九八年）
33　関剣平氏の精力的な研究によって茶筅の中国起源はもはや揺るぎない見解となった。氏の「茶筅の起源とその確立」（立命館大学『立命館東洋史学』三八号、二〇一五年）
34　馬部隆弘『椿井文書─日本最大級の偽文書』（中公新書、二〇一九年）
35　沢村信一「上林三入家文書における茶筅の役割」（『茶の湯文化』二四号、二〇一五年）によると一六八六年に黒川道祐が著した『雍州府志』では高山と宝来の両茶筅が言及され、とりわけ「宝来ものは利休好みであ

り、常に用いられている」らしい。

36　註30の三好昭一郎氏の研究や近年では木川正夫「茶筅状竹製品の系譜―岩倉城遺跡出土茶筅の位置づけ―」（愛知県埋蔵文化財センター『研究紀要』一号、二〇〇〇年）や中西宏次「近世岩倉の茶筌師村」（『京都精華大学紀要』四二号、二〇一三年）など。竹工芸の文献は汗牛充棟の観があるためここで紹介は省略する。

37　中田庄一「金鵄発祥地私観」（『北倭村青年団団報』創刊号、一九三五年）

38　文部省宗教局保存課『神武天皇聖蹟調査報告』（文部省、一九四二年）として公刊されている。

39　植村清二『神武天皇―日本の建国』（至文堂、一九五七年）

40　直木孝次郎『奈良』（岩波書店、一九七一年）

41　キンシ正宗公式ウェブサイト（http://kinshimasamune.com/?m=pages/company）

42　山田純「「鷦鷯」という名の天皇」（『日本文学研究』五七巻二号、二〇〇八年）

43　富来隆「古代社会におけるトビとカリ」（『日本歴史』二六一号、一九七〇年）

44　富来隆『卑弥呼―朱と蛇神をめぐる古代日本人たち』（学生社、一九七〇年）

45　吉野裕子『大嘗祭―天皇即位式の構造―』（弘文堂、一九八七年）

46　『日本書紀神代（上）』（小学館、一九九四年）。この注は一二三頁の注20にある。

47　中沢新一『大阪アースダイバー』（講談社、二〇一二年）

48　谷川健一『四天王寺の鷹　謎の秦氏と物部氏を追って』（河出書房新社、二〇〇六年）

49　志田諄一『古代氏族の性格と伝承』（雄山閣、一九七一年）一九五～二〇二頁。なお志田には一般向けの「神武天皇　熊野山中の戦い・金鵄の謎」（『歴史読本』二〇〇四年一月号）という抜粋的エッセイもある。

50　秋吉正博「日本古代の放鷹文化と統治思想」、根本誠二・秋吉正博・長谷部将司・黒須利夫根本誠二編『奈良平安時代の〈知〉の相関』（岩田書院、二〇一五年）所収

51　佐伯有義校註『日本書紀　上』（朝日新聞社、一九四〇年）九二頁

52　森博達『日本書紀の謎を解く―述作者は誰か』（中央公論社、一九九九年）

53　『市浦村史資料編　東日流外三郡誌』上・中・下巻（市浦村史編纂委員会編、市浦村史編纂委員会、一九七五～七年）。なお斉藤光政『偽書「東日流外三郡誌」事件』（新人物往来社、二〇〇六年）を参照。

54　乗松真也「瀬戸内生業史ノート」（http://snn.hatena

blog.com/）

55　永島福太郎「奈良県」（日本歴史学会編『地方史研究の現状』Ⅱ、吉川弘文館、一九六九年）

56　藤本寅雄『ふるさと生駒の地名と私』全三巻（私家版、一九八二〜一九九〇年）という回顧的著作がある。

57　久留島浩、高木博志、高橋一樹『文人世界の光芒と古都奈良—大和の生き字引・水木要太郎』（思文閣出版、二〇〇九年）

58　本題から逸脱するので小島亮「歴史学の終焉—制度的歴史学の崩壊によせて—」、『アリーナ』一〇号、二〇一〇年、を参照されたい。

59　柳田國男『地名の研究』（古今書院、一九三六年）

60　池田末則『日本地名伝承論』（平凡社、一九七七年）として公刊される。

61　『角川日本地名大辞典』、全四九巻（本巻四七巻＋別巻二巻）、角川書店、一九七八〜一九九〇年

62　『日本歴史地名体系』全五二巻（平凡社、一九七九〜二〇〇五年）

63　斉藤美澄『大和志料』上下（歴史図書社、一九七一年）

64　大塚廣三郎編『金鵄の光』（鳥見山靈畤顕彰會、一九一一年、一九三九年〈増補版〉）

65　『奈良県史』第一四巻（名著出版、一九八五年、一六八〜一七二頁）

66　四方洋「古都の香りをつたえる「生駒新聞」」（『月刊公論』二四巻五号、一九九一年）

67　「生駒劇場」https://ja.wikipedia.org/wiki/

68　森田義一「〝文化部記者〟西本さん」、『生駒新聞』一九七二（昭和四七）年五月一〇日号

69　シャーマンのいる朝鮮寺の状態は宗教社会学の会『生駒の神々』（創元社、一九八五年）で描かれている。

70　寺尾勇『ほろびゆく大和—大和の景観と心—』（創元社、一九六八年）

71　吉村正一郎編『素顔の奈良』（実業之日本社、一九七二年）

72　吉本隆明『源実朝』（筑摩書房、一九七一年）

73　田村紀夫『日本のローカル新聞』（現代ジャーナリズム出版会、一九六八年）

74　リチャード・ポンソンビー＝フェインをめぐる再評価についてはWikipediaの記述が極めて詳しい（https://ja.wikipedia.org/wiki/）。

75　大前昇「西本喜一さんの受勲を慶ぶ」、『生駒新聞』一九八七年五月一〇日号

76　「北島葭江著」となっているが、これは北島の『万葉大和地誌』（筑摩書房、一九五六年）をもとにして近鉄の近畿文化会の誰かが編集したと考えられる。綜芸

舎、一九六六年。なお『生駒と平群』（綜芸舎、一九八二年）として新版が出ていて、ここには「景山春樹が加筆」と明記されている。

〔後註〕

本冊子の校正中、出たばかりの高橋繁行氏『土葬の村』（講談社、二〇二一年）を読むと、本論に関わるとても興味深い論及に接した（三〇五～六頁）。「三昧聖」、つまり無縁仏を弔う遊行僧の踊念仏＝「鉢叩き」は彼らの茶道具販売と深い関係があると言うのである。もっとも茶筅を用いる侘茶は遊行僧の登場よりも後年であるも、これまでになかった新知見であり、今後の研究に期待したい。なお高山は南山城から広がる土葬文化圏であった。

第Ⅱ部

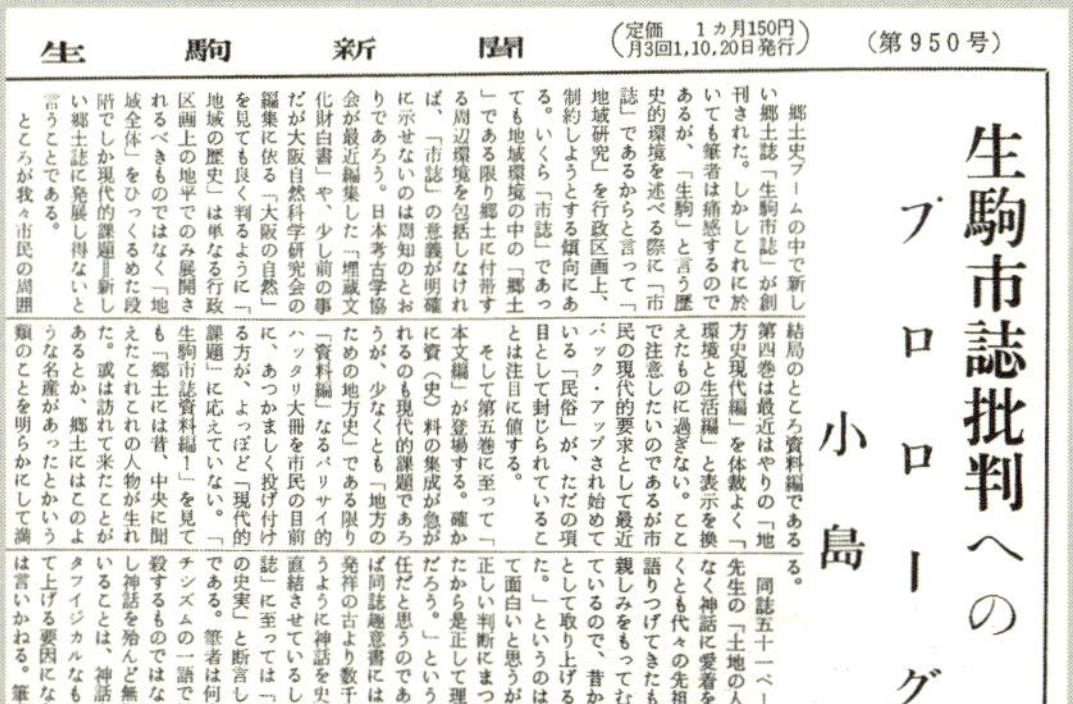

生駒新聞　（定価　1ヵ月150円　月3回1,10,20日発行）　（第950号）

生駒市誌批判へのプロローグ

小島　亮

郷土史ブームの中で新しい郷土誌「生駒市誌」が創刊された。しかしこれに於いても筆者は痛感するのであるが、「生駒」と言う歴史的環境を述べる際に「市誌」であるからと言って「地域研究」を行政区画上、制約しようとする傾向にある。いくら「市誌」であっても地域環境の中の「郷土」である限り郷土に付帯する周辺環境を包括しなければ、「市誌」の意義が明確に示せないのは周知のとおりであろう。日本考古学協会が最近編集した「埋蔵文化財白書」や、少し前の事だが大阪自然科学研究会の編集に依る「大阪の自然」を見ても良く判るように「地域の歴史」は単なる行政区画上の地平でのみ展開されるべきものではなく「地域全体」をひっくるめた段階でしか現代的課題＝新しい郷土誌に発展し得ないと言うことである。

ところが我々市民の周囲

結局のところ資料編である。第四巻は最近はやりの「地方史現代編」を体裁よく「環境と生活編」と表示を換えたものに過ぎない。ここで注意したいのであるが市民の現代的要求として最近バック・アップされ始めている「民俗」が、ただの項目として封じられていることは注目に値する。

そして第五巻に至って「本文編」が登場する。確かに資（史）料の集成が急がれるのも現代的課題であろうが、少なくとも「地方のための地方史」である限り「資料編」なるパリサイ的ハッタリ大冊を市民の目前に、あつかましく投げ付ける方が、よっぽど「現代的課題」に応えていない。「生駒市誌資料編1」を見ても「郷土には昔、中央に聞えたこれこれの人物が生れた。或は訪れて来たことがあるとか、郷土にはこのような名産があったとかいう類のことを明らかにして満

同誌五十一ページの藤本先生の「土地の人々は何となく神話に愛着をもち、少くとも代々の先祖もそれを語りつげてきたものとして親しみをもってむかえられているので、昔からの伝承として取り上げることにした。」というのは方法として面白いと思うが「読者の正しい判断にまつことにしたから是正して理解されるだろう。」というのは無責任だと思うのである。例えば同誌趣意書には、「金鵄発祥の古より数千年」というように神話を史的価値に直結させているし「北倭村誌」に至っては「金鵄発祥の史実」と断言しているのである。筆者は何もロマンチシズムの一語で神話を黙殺するものではない。しかし神話を殆んど無批判で用いることは、神話を再びメタフイジカルなものに仕立て上げる要因にならないとは言いかねる。筆者はむし

『生駒新聞』紙上の小島の論陣

私の昭和五十年
―生駒の文化交流―

西本喜一

明治三十六年二月二十五日生まれ。昭和七年夕刊大阪新聞社入社、事業部などを経て、ことし四月までサンケイ新聞特別通信員、さる四月、生駒市会議員を引退（四期）、現在生駒新聞社長、日本地方新聞連盟副会長、社団法人奈良県新聞協会会長、生駒市芸術協会副会長、生駒市郷土研究会幹事、山崎町老人クラブ会長。昭和三十九年十一月、芸術振興に尽くした功績で有山武兵衛町長から表彰、同年一月には警察の広報活動に協力したことで生駒警察署長から、四十九年七月、県警本部長からそれぞれ感謝状。

（上）

ことしで私の新聞記者生活も四十四年になります。昭和四十七年四月八日、奈良県文化会館で「西本喜一さんの新聞記者生活四十年を記念しあわせて古稀を祝う会」を知人、友人らの発起で開いていただき、三百人からの人たちからお祝いや激励の言葉を受けたことは、いまも記憶に新しく、私の生涯にとってもっとも感激させられた日でありました。

私が新聞記者生活に足を踏み入れたのは昭和七年の春、友人が記者をしていた夕刊大阪新聞（現在の大阪新聞、サンケイ新聞の前身）に就職できたときは大変うれしかった。社会部の見習い記者を経て、そのとき新設された事業部に転じ、事業計画など忙しい毎日を送っていました。

そのうち日華事変が勃発、昭和十三年五月、私は最初の特派員として天津へ。当時天津、奉天、京城などには日本工業新聞（夕刊大阪新聞社の経済、工業関係の日刊紙として創刊され、のちに産経新聞となる）の支局がありました。

私の仕事は戦争の取材ではなく、もっぱら占領地域の経済関係などのニュースを取材するのが主。翌十四年には上海にまわることになり、新上海ホテルに根城をかまえました。上海には共同租界があって、日本の勢力外で、バイアライやドッグレースなどの賭博場やバー、キャバレー，ダンスホールなど華やかな夜の世界は、どこに戦争があるのというほど栄えていました。

毎日午後二時に記事を航空便で送ると、自家用の人力車で租界へと遊びにでかけました。こんな生活がほとんど毎日続いていました。

ある日、友人と二人で越境地帯という共同租界との境界にある賭博場へでかけました。ここにはサイコロバクチやルーレットなどあらゆる賭博ができるようになっていました。が、日本人の出入りは禁止されていたのです。私たちは中国人になって入って博打をしていました。

ところがボーイから、「あなたは日本人でしょう。早く出てください」と急き立てられました。あちこち場所をかえてもうるさく付きまとわれ、憲兵隊に連絡するといわれたので、やむなく出たことが二、三回ありました。あとで聞くと、ここは日本軍が中国側の情報を集めるために開いていた場所だったのです。

天津に滞在中の一カ年間は、遠く大同から包頭まで足を伸ばしましたが、上海では南京、蘇州、杭州くらいしか行けず、漢口あたりはまだ戦火がやんでいなかったのでいきませんでした。杭州では美しく、香辛の入った料理もうまかったですが、蘇州の寒山寺はあまり良いとは思いませんでした。

中国から帰ると大東亜戦争へと戦火は拡大。国内の戦時色は濃くなり、新聞社の事業部も戦意高揚の展覧会、士気高揚の講演会など戦争協力の事業ばかりになりました。

生駒山上遊園地で毎年夏開いていた納涼大会も、産業戦士の慰安を主とした厚生大会と名称を変え、古川ロッパなど一流芸能人を招いたので、いつもたくさんの人出でにぎわっていました。

昭和十八年の秋だったと思いますが、三重県明野の陸軍飛行学校から最新式の戦闘機数機で、生駒山上中心に、模擬空中戦をやってもらいました。このときは大阪、奈良の小中学校生三万人が徒歩で生駒山上に集まり、壮烈な空中戦を見て、こどもたちの空へのあこがれを湧き立たせました。あるときは山上で大護摩を焚いて皇軍の戦勝と武運長久を祈ったこともありました。

戦争が終わった昭和二十一年から、生駒山上遊園地の納涼大会を復活、事業部長として歌手だった田端義夫や漫才界のトップクラスらを招いて毎週土日の夜は山上に再び活気がもどりました。戦後の食糧難のとき、牛肉など苦心して手に入れ、芸能人を接待して、たいへん喜ばれたことはいまでも懐かしい想い出となっています。

（中）

私が文学に興味を持った最初は、徳富蘆花の作品『みみずのたわごと』でした。旧制郡山中学校二年のとき、担任の中東先生に教えられ文学作品を読み始めました。大正8年、生駒での初めての文学雑誌『新生』を発行しました。私の個人雑誌みたいなもので、四十ページほどのうすっぺらいものでしたが、奈良市の友人が印刷所だったので、印刷できました。

雑誌は少し反響はあったがあまり売れず、資金も続かず、いわゆる三号雑誌に終わりました。

しかし、文学への夢を抱いていた私は奈良市の友人たちと同人雑誌『未墾地』を創刊、『未墾地』には吉田徳義、飯田福松、高橋義一、藤原徳治郎、佐伯孝夫、春永孝夫、松村又一、北村信昭、仙田正雄、榧本亀治郎ら十数人が同人になりました。生駒からは私と西口由太郎、大垣幸三郎、堀口栄三郎らが加わりました。毎月一回、奈良市の大豆山町の公民館「満月会」に集まって文学の話に時のたつのも忘れで話し込んだものでした。その後奈良文芸研究会として文芸講演会や音楽会を開いて幅広い文芸活動を行っていました。『未墾地』同人のうちから、レコード作詞家・詩人として有名な佐伯孝夫、松村又一氏が東京に出て名をあげましたが、ほかは藤原徳治郎が朝日新聞社に入社、企画局長まで出世したくらいです。吉田徳義は元気で、今も詩を書いていますが、飯田福松は山中商会のニューヨーク支店におって、戦争で抑留、戦後日本に帰ってきましたが、数年後に亡くなり、薬局を経営していた高橋義一も死にました。北村信昭は大和タイムス（現奈良新聞）でコラムなどを書いています。

生駒の大垣幸三郎も数年前ローマで客死。西口由太郎は奈良市で税理士事務所を開業、堀口栄三郎は生駒町の助役をやめてから晴耕雨読の生活で、詩集など出版しています。

私は『新生』を発行した関係で、若い時大阪堀江で雑誌を出していた飯野秀二と親しくなりました。飯野は宝塚歌劇の脚本募集に応募、「コロンブスの冒険」がみごと当選、上演されましたので、みんなで見に行きました。当時生駒の土地会社が宝塚の向こうをはって生駒にも歌劇をおこそうと、大阪新町の演舞場を買って移築、浅草から森川信、清水金太郎などのオペラを招いて毎日オペラを上演しました。でも客は私たち生駒の文学青年や芸者を連れたお客さんぐらいで、とても宝塚歌劇ほどの人気も出ません。二年あまりで潰れましたが、開演中は飯野氏もよく見にきて一緒に生駒を歩きました。

この飯野氏がいまをときめく劇作家・北条秀司とわかったのは終戦後だいぶたってからです。いまでは北条氏から生駒の思い出を書いた便りや色紙、著書を贈ってもらって親しくしています。

佐伯孝夫、松村又一両氏とも五十年の友情がつづいていますが、これも文学のおかげだと喜んでいます。

文学者への希望がやみがたかった私は二十一歳の春、家の金三百円を持ち出して東京へ走りました。大作家を夢見ての家出でした。東京では、生田春月、金子洋文、今東光、サトウハチロー、百田宗治、白鳥省吾らの家に出入りして話を聞いたり、教えを受けました。サトウハチローはオヤジ（佐藤紅緑）のお古だというトンビ羽織ってよく浅草などを案内してくれました。生田春月宅へは若い文学青年が押しかけていました。今東光は父上が郵船とかの重役で、本郷の立派な家に住んで、雑誌『文党』を発行していました。私もときどき短文を載せてもらいました。

当時『文芸戦線』というプロレタリア文芸の月刊雑誌が出ていて、私も雑文などを掲載させてもらいました。

家出した年に徴兵検査のためやむなく帰宅、おやじにこっぴどく怒られました。大正十二年のことで、九月の関東大震災によって東京に置いて帰った荷物は全部焼けました。この震災の日、佐伯孝夫が私の家に遊びにきていました。

その後二回ほど家を飛び出しましたが、いずれも数カ月、なすすべもなく過ごしたのみで、文学者への望みはものにならず、私は新聞記者への道へと進むことになったのです。


（下）


戦後、久保喜太郎氏（茶筅問屋）の手で生駒新聞が復刊され、私も頼まれて編集のお手伝いをするようになりました。その後、久保氏も家業が忙しくなり、やってくれないかとの話で、生駒新聞を引き受けました。この新聞は大正十二年、北倭村の文学青年たちによって創刊された「愛郷新聞」が戦後改題して「生駒新聞」として再出発したのです。

大正から昭和の初めにかけて、北倭村は新しい空気を吸った青年たちが政治に文学に大活躍していた時代で、なかなか進歩的なところがありました。いまでも中田庄一氏ら当時青年だった人が健在で、すぐれた文章を書いています。

サンケイ新聞の特別通信員をやりながら生駒新聞を引き受けました。月三回のローカル新聞として、ローカル新聞の特色を十分に発揮し、読者に「よい新聞だ」と言ってもらえるようにしたいーと毎号苦心してきました。経営はいまでも苦しく、赤字経営ですが、文学者の夢を新聞に切り替えてよい新聞をつくることに努力してきました。おかげで県下のローカル紙のなかでも恥ずかしくない新聞に育て上げることができました。しかし、新聞は日刊紙でも週刊紙でも儲かる事業ではないので、経営はずいぶん苦労です。

昭和三十四年に、私は町の人たちに押されて生駒町の町会議員に当選しました。文学志望だった私ですが多年、新聞記者生活をしていた関係で、政治にも興味を持っていましたので、町会議員としても勉強もし、中立系議員として理事者側に鋭い質問を浴びせることもできました。ことし四月に引退するまで、通算四期、十六年間の議員生活で、町会議長も経験しました。新聞記者を辞めないと議長にはできない—と言っていた議員仲間も、全員で私を議長に推薦してくれました。今年議員を辞めるときも、「もっとやれ—」と言ってくれる仲間も多かったのですが、「よいときに辞めた」と言ってくれる町の人の言葉はとてもうれしく思いました。

生駒に芸術協会ができ、私もそれに参加してから二十年になります。生駒市芸術協会（倉八千代会長）は毎年四月ごろに奈良県文化会館で、油絵、日本画、写真、書道、手工芸、生け花などの生駒芸術展を、毎秋十一月には生駒市で芸術祭を開いています。これにはピアノなど音楽会と邦楽発表会もあって広い範囲にわたっています。

芸術祭はことしで二十二回目です。最初は倉会長らの生駒美術クラブの油絵展として発足したものでしたが、その後写真、書道、手工芸、生け花、盆栽、盆石などと展覧種目も増えてきました。はじめは保育園や警察署 ,町役場など会場を転々としてきましたが、十二年前から生駒小学校講堂（油絵、日本画、写真、書道）、中央公民館（生け花、盆栽）、生駒市農協二階（手工芸、盆石）三会場に分かれて展示しています。

音楽会、邦楽発表会は日曜など一日ですみますが、展覧会は三日間開きます。どちらも聴衆や参観者は年々ふえ賑わっています。

私は芸術協会の文学部を担当、仕事として十六年前から、毎年芸術祭に「あを」という文芸雑誌を発行しています。（無料）「あを」には短文、詩、短歌、俳句、川柳などを一般から募集して掲載しています。いまでは生駒市内には短歌、俳句、川柳や冠句などにそれぞれのグループの会ができて、町の同好の人たちが毎月定期的に集まって歌を詠んだり、俳句を作ったりしています。そしてこれらのグループには家庭の主婦が多いのが目立っています。

この他私は生駒市郷土研究会の幹事として生駒市内の古文化財を守るために、ささやかな活動を続けています。毎年数回、会員たちが生駒市内の古文化財や史跡を訪ねて調査、保存、紹介などについて話し合っています。

私は今も文学書などを買いあさるのが好きで、毎月かなりの書物を買っていますが、忙しいのでいつも〝ツンドク式〟になっているのが多いのです。

古稀を過ぎてもなお若い連中といっしょに新聞発行に勢力を傾けているので、私はまだ青年のつもりで、死ぬまで新聞発行は続ける覚悟で、〝万年新聞記者〟として終わりたいと念願しています。

二人の文人

吉田伊佐夫

昭和四十年代初めか半ばごろ、生駒市高山町の高山八幡宮の境内は緑濃く日差しの強い日だったように思う。

生駒新聞社長兼主筆の西本喜一氏が、上着と最新号の生駒新聞を抱え、十数人の人たちを従えるように本殿への石段を勢いよく駈け上がってきた光景が忘れられない。待ちかねた山崎清吉宮司とあいさつが交わされ、メンバーは一般の宮座より一段高い拝殿と並ぶ無足人座で車座になった。集まったのは生駒の文化や郷土史の研究者で、その談論風発のなかから生駒郷土研究会が生まれ、さらに実証的な研究活動を目指す今井正弘名誉会長の生駒民俗会創設につながった。

民俗会に加えてもらったいわば個人的な前史として、長年その驥尾に付してきた二人の文人について書き留めておきたい。

その一人、西本喜一氏は新聞記者の大先輩で、ジャーナリスト生活は昭和七年の夕刊大阪新聞入りから産経新聞特別通信員に至る四十有余年にわたった。この間、旧北倭村（高山、上、南北田原、鹿畑町）で大正十二年創刊という伝統ある「愛郷新聞」の経営・編集を「生駒新聞」（旬刊）と改題して引き継ぎ、その発行継続に執念を燃やされた。タブロイド判の小さなローカル紙ながら、郷土の政治の動きや生活情報だけでなく、多くの文人や芸術家に紙面を提供、地域文化の底上げに果たした役割は計り知れない。

新聞発行のかたわら、生駒市会議員を四期務められたが、根っからの文学青年で、二十一歳の春に東京へ出奔、今東光やサトウハチロウらと交友を重ねたエピソードがある。

西本氏の毎年正月の「詩の賀状」を読むのが楽しみ

だったが、ちょうど六年前の平成五年の賀状は生駒新聞休刊の詫び状で、「三十数年の永い間ローカル情報紙としてお世話になりながら、ここに至っての発行不能は誠に至極残念。この上も復刊を希望して体調快復につとめたいと思っておりますが、何分老年（九十歳）の体ゆえ、はがゆい思いをしております」と記してあった。生駒新聞は前年の平成四年十月二十日号（千六百四十六号）が最後となった。

「詩の賀状」はその後も健在で、平成十一年には「私のエトの卯年で／九十六歳になりました／足腰が悪く寝たきりの生活／ですが元気です」とあったが、それから間もない三月五日、永眠された。

いま一人の山崎清吉氏は、西本氏より二歳年上の明治三十四年生まれ。大阪で神職修行し、宮司として高山八幡宮に入られたのは三十二歳のときだった。荒廃していた八幡宮の復興に尽くされ、のち本殿が国の重要文化財に指定された。

歴史に造詣の深い在野の研究者として、その博覧強記と記憶力は驚くべく、戦前、現代語に訳されたという「古事記」はほとんどそらんじておられた。柳生の疱瘡地蔵の碑文研究で知られた郷土史家、杉田定一氏はある年、八幡宮を訪れ、山崎氏から続日本紀記載の疱瘡流行記事の教示を受け、「見も知らぬ人の情けに教えられ　いにしえぶみを　くり返し読む」の詠草を残している。

生駒新聞を支えた常連執筆者の一人で、その業績の一部は十五冊の私家版にまとめられているが、「新稿高山茶筅誌」（昭和五十一年刊）や「お茶と茶筅」（同五十四年刊）は高山茶筅の研究として貴重である。

ひところ八幡宮に入りびたり、ずいぶん示唆に富むお話をうかがったように思う。いまさら悔やんでも仕方ないが、大抵、お神酒をいただきながらでメモも取らず、我が身の蓄積とならなかったのは痛恨事である。

「神を祭る者の目の容（すがた）は涼しくあれ」という山崎氏の言葉は忘れ難い。神職としての気位が高く、つねに背筋をピンと伸ばし姿勢を崩されなかったが、目元はじつに涼やかだった。その祝詞はろうろうと、本殿の杜からわき出るようによく通った。

平成四年十月十五日、菊の花に包まれて九十二歳の生涯を終えられた。

竹のしずく—芳竹宗匠と『愛郷新聞』のこと—

吉田伊佐夫

生駒冠壇きっての宗匠、芳竹久保喜太郎氏が昭和四十七（一九七二）年、喜寿記念に刊行された冠句集『竹のしずく』が長年失われずに手元にある。野趣のある和綴本に、生駒市の著名な書家、甫田鶏川氏揮毫の題簽の書、その風合が涼やかである。収載された冠句・川柳は一千句近くにのぼるだろうか。なによりガリ版刷りが好ましい。活字印刷を選ばれなかったのは、芳竹先生自ら語っているように「風流、雅味、素人さを考えたため」で、和紙の手触りにむくもりが伝わってくるのも庶民文芸にふさわしい。筆者にとってこの冠句集は、郷土紙『愛郷新聞』を視野にとどめるようすがだったような気がする。

握りしめ　竹の心が掌で判る

芳竹宗匠は明治二十八（一八九五）年、生駒・高山で三百年続くという茶筅師の家に生まれた。本名は健次郎、代々当主は喜太郎を名乗り、のち襲名。幼少から漢字を学び、長じて家業の茶筅製造のかたわら旅を楽しみ、昭和三十年ごろから冠句や川柳三昧。日常茶飯事を句材に、生駒冠壇はもとより京阪のいくつかの結社を舞台に活躍、朝日、読売、大和タイムス（現・奈良新聞）各紙の流壇に欠かせない常連だった。

欠伸　講師には済まぬ欠伸を噛み殺し

除夜の鐘　手不足に大黒がつく除夜の鐘

冠句・川柳界では「（芳竹先生は）いわゆる国風冠句の伝統をきびしく追究された非凡の持ち主」と評された。批評家としての辛辣な眼力を軽妙な笑いと温かい心遣いでくるんでしまう俳味は捨て難い。

久保喜太郎氏は旧北倭村（明治二十二年に高山、北田原、南田原、上、鹿畑の五村合併）時代、村議を長く務められ、県人権委員や『生駒市誌』の編集委員でもあったが、記憶されてよいのは大正十二年二月創刊の『愛郷新聞』だろう。

茶筅の里で知られる大和北端の農村で生まれたタブロイド新聞『愛郷新聞』がどんなものだったか。全国の新聞事業概況を網羅した『日本新聞年鑑』第三巻（大正十三年版）の「奈良県と和歌山県」に異例の紹介記事がある。

「奈良の新聞は伝ふべき業績もないが、生駒郡の北倭村から出してゐる愛郷新聞の事は紹介の価値ありと認める。これは成功した『村の新聞』の模範なのである。隣接三ケ村に現在一千の有代読者を有し、それが会員組織の様になってゐる。各大字に一名づつの有力な青年通信員を置き、通信、販売、広告三部の事業を援けさせてゐる。役場、学校、警察、青年団、処女会、軍人等は何れも進んで材料を提供し機関として利用してゐる。社員通信員の全部は村の有力な青年であり、編輯は夜間、休日等に無休で働く。即ちこの新聞の勢力は言論上にあるといふよりは、新聞社を構成してゐる人が何れも青年中の才物ばかりといふ点にあるので、代議士や県会候補でこの村へ侵入しようとする者は、まづ此の新聞社の諒解を得ねば活動できない。新聞の方でも喜んで団体や人々の利用に任せてゐる。愛郷新聞社をこれまでに仕上げたのは社長久保健次郎君の不撓不屈の奮闘と村民に対する燃ゆるがごとき愛情との力である」と二十九行を費やし、和歌山県は「大阪軍（大阪毎日、大阪朝日など）の根拠地である」とわずか三行で片付けている。

久保健次郎はいうまでもなくのちの喜太郎氏だ。

創刊第一号、大正十二（一九二三）年二月一日号の題字下に、毎月一回一日発行、定価一ヶ月十銭、広告料一行十銭と記され、発行兼編輯印刷人に久保太一郎の名がある。太一郎は筆者の祖母の実家の当主（祖母の甥）で「久保信濃」を名乗る茶筅の名手だった。公職を憚った喜太郎氏が隣接住人の盟友、太一郎を名義上の責任者に仕立てたらしい。

『愛郷新聞』は北倭村十区（高山六区＝傍示・庄田・大北・久保・宮方・芝＝と南田原、北田原、上、鹿畑）の青年会の機関誌で喜太郎が主幹を務めた月刊『愛郷』がもともとの母体。大正十年から二年間の雑誌時代を経て新聞に切り替えられた。村内各区に報道員を配置、近隣の富雄村（奈良市）、田原村（四条畷市）、生駒町（生駒市中、南地区）、普賢寺村（京田辺市）山田荘村（京都府相良郡精華町）に支局が置かれた。

その中身については父の家に残っていた新聞の断片から推測するほかないが、村政、学校便り、団体の動静はもちろん人物月旦、趣味、スポーツから生れた人、亡くなった人、結婚まで村の人事を詳しく報道、ほとんど全戸（大正十年現在、世帯数一〇九六、人口五四六三人）に配布され重宝がられたという。

愛郷新聞社はまた、講演会、雄弁大会、運動大会、自転車競走、囲碁俳句の会などを主催した。「昭和倶楽部」という劇場を建設し映画、演劇、浪曲などを公演したほか、音楽隊を組織し近隣町村を回った。飛行機がまだ珍しかった大正十五（昭和元）年、奈良練兵場から飛行機を村の空に飛ばし、低空からビラを撒いたりした。これらの催しが新聞紙面に反映されたのはいうまでもない。楽しみが少なかった時代、村の「文化醸成」に果たした役割は計り知れない。村報としてはもとより、職業的な記者でもない村の青年たちが若々しい論陣を張り、のち彼らは次々と村の指導的地位に就く。『愛郷新聞』は人も育てた。

もっとも、先の戦争はそんな新聞の存続を許さず、昭和十五（一九四〇）年九月には休刊に追い込まれた。戦後の二十四年四月、『愛郷新聞』は復刊され、北倭村が生駒町と合併した同三十二（一九五七）年四月まで続いた。通算二十五年、四二九号。二カ月の一時休刊のあと、同年六月十五日号（四百三十号）から『生駒新聞』と改題発行された。その後、経営権が久保家から西本喜一氏らに移り、平成四（一九九二）年十月二十日号（一六四六号）をもって終刊となった。

戦後、『愛郷新聞』を引き継ぎ復刊、経営、編集を手がけたのは喜太郎氏の長男、久保修氏である。修氏には十年近く前の平成十二年、何度かお目にかかり、『愛郷新聞』のバックナンバーの一部を見せてもらったことがある。修氏とはいつも雑談に終始したが、その一部を書き留めておこう。

「新聞の保存はしていますが、ポツポツ欠けている号がある。たまに人に貸すと、一部が抜き取られたりしてね。知り合いがあちこち探してくれ補充したんやが、完全には揃っていません。何もなかった時代に新聞と劇場をはじめました。新聞は村の知識の源泉だった。私が手がけた『愛郷新聞』の後期（戦後）と、父の時代の前期（戦前）ではずいぶん感覚がちがう。前期は論陣を張るという空気やったが、後期は情報伝達の方向が強かった。今のジャーナリズムに近い。昭和倶楽部の公演では、役者がチンドン屋になり村を回る。子供たちがそのあとについて歩いたものですよ」

「昭和十五年に休刊に追い込まれたのは、そのころ全国紙と県紙一紙を除いて新聞用紙の割り当てがなくなったからや。戦雲急で新聞どころではなくなったこともある。戦後、父はもうやめようというのを、オレがやると二十四年に復刊しました。三十二年には北倭村と生駒町の合併で『生駒新聞』と題字を改め発行を続けました。三十五年ごろかな、家業が忙しくなるし、新聞のサービスエリアも旧北倭村から生駒町（現生駒市）一円に広がり対応できなくなった。そんなこんなで経営権を譲り渡したわけです。『昭和三十五年』が郷土紙の終わりやったと思います。全国紙の地方版充実、奈良新聞（旧大和タイムス）の興隆、行政の広報充実などが理由にあげられると思う」

「うち（久保家）は遡れば徳川中期ごろかな、代々喜太郎を襲名してきましたが、私は修のまま、襲名はしません。もうそんな時代やないです。『喜太郎』は屋号みたいなものや（家業は『芳竹園』）。『愛郷新聞』を発刊したころ、父は朝日新聞の通信員をしていたことがある。原稿を何回送っても載せてくれない。全国紙に載るような出来事が田舎にそうそうあるわけないわな。ところが毎年『富雄川に源氏蛍発見』の記事だけは載せてくれたという。季節のスケッチですよ。富雄川はいま、ホタルはいるのかな。親子で新聞やってきましたが、やっぱり好きやったのです。家業がなければ新聞記者になっておったかもしれん」

芳竹久保喜太郎氏は平成三（一九九一）年二月に逝かれた。九十五歳。『愛郷新聞』と冠句集『竹のしずく』一冊を残して天寿を全うされたが、いま筆者は新たな悲しみの中にいる。平成二十（二〇〇八）年六月に久保修氏が亡くなられたことを不覚にも知らなかった。八十歳だったという。半年も経って人づてに知らされ、聞き漏らしたことの大きさに愕然とするばかりだ。

朝露が吹き払われ、竹の節目を水滴が滑り落ちる。茶筅師の庭にはなじみの風景だろう。竹のしずくの清々しさは、また人のはかなさに似る。思わず掬いとりたい。小さな村の小さな新聞は、そんなふうに人の営み、暮らしの姿を掬いとってきたのではないだろうか。

（了）

付記・平成二十一（二〇〇九）年夏、当生駒民俗会会長で生駒市文化財保護審議会会長でもある今木義法先生のご尽力と、久保家のご英断で、生駒市教育委員会が中心となり『愛郷新聞』の保存措置が講じられ、「村の新聞」が郷土の文化遺産の一つとしてよみがえることになった。

光彩放つ『北倭村是』の志

―近代地域史資料の周辺と今日的意義―

吉田伊佐夫

はじめに―〝柳田國男の村〟に生まれて

「『北倭《きたやまと》村是《そんぜ》』は立派な〝無形文化財〟、生駒の〝お宝〟です」と熱っぽく語られたのは生駒市鹿ノ台在住で、生駒民俗会の仲間だった吉識《よしき》利昭さん、二年ほど前、地域のボランティア活動の際足を傷め外出が不自由になったため民俗会を退会、仏道修行を重ね静養を続けられています。大手電機メーカーで要職を務め、リタイア後はマンドリン演奏や作詞を手がける趣味人。四十年来の生駒の住人だそうですが、日本民俗学の祖とされる柳田國男の故郷、兵庫県神崎郡福崎町で生まれ小中高を過ごされました。

　福崎町は姫路市の北隣、『播磨国風土記』にも登載される古い町ですが、現在は東西に中国縦貫道路が通り、中国山脈を越え日本海へ下りてゆくと城崎温泉に通じる東西南北の交差点に位置しています。福崎インター近く、柳田國男の生家や柳田國男・松岡家記念館があります。柳田は松岡家から柳田家に養子に入った人。福崎町では柳田を尊敬すること篤く、その教え通り住民の「参画と協働」で町づくりをすすめ優等生自治体に数えられています。大麦の一種「もちむぎ」の栽培もその一つ。古来の郷土食もちむぎを復活し地域あげて栽培、もちむぎ麺、菓子、お茶などに商品化、高タンパク、高ミネラルの健康食品として播州名物になっています。

　生駒民俗会が県外学習で山陰地方に出かけた機会に福崎町に立ち寄ったのは平成二十五（二〇一三）年の晩秋、吉識さんの紹介で記念館などを展観させてもらいました。柳田が「私の家は日本一小さい家だ…じつは、この家の小ささ、といふ運命から私の民俗学への志も源を発したといってもよい」(『故郷七十年「昌文小学校のことなど」』)と語った生家は覆いがかけられ屋根の葺き替え中でした。

吉識さんは子供の頃から柳田にまつわる話をよく聞かされたらしい。柳田が一時東隣の村に住んでいた少年のころ、食料のない人に炊き出しがあり、粥をもらうため土瓶を持って群がる人々や子供たちを目の当たりにして衝撃を受け、このような飢饉をなくし、人々が飢えずに暮らせるよう役に立つ人間になりたいという志を抱いたといいます。この話は柳田自身『故郷七十年「飢饉の体験」』で述べています。柳田民俗学が「経世済民の現場学」ともいわれる所以《ゆえん》ですが、「私は、これが民俗学の原点と学びました」と吉識さん。

戦中戦後の苦しい時代、村に「少年団」が結成され、道や川普請《ふしん》、わらぞうり作り、山の開墾、社寺清掃から祭礼の手助けまで大人や上級生に教わりながら協力し合って取り組み、作業のあと、下級生から順にふるまわれる蒸し芋や雑炊のうまかったこと！ 吉識さんの原体験だそうです。

平成二十二(二〇一〇)年の民俗会月例会で吉識さんは「旧北倭村の原風景に学ぶ」と題し発表、生駒を「第二のふるさと」とも「終の棲家」とも思う意識が芽生えたのは『北倭村是』に出会い「私のふるさと体験学習と重なり合う」と感銘、共感したのがきっかけと強調されました。

旧北倭村の調査記録『北倭村是』の精神は「柳田精神に合致する」という吉識さん、そのポイントに①共同体意識、助け合い精神を育てる②村をあげて若い人を育てる③農業の深化・改良、工業産業育成―の三つをあげ「旧北倭村の歴史を次の世代に伝えてほしいです」と話されています。

一 〝布衣《ふい》の宰相〟前田正名《まさな》来たる

『北倭村是』(『生駒市誌II』所収)が印刷刊行されたのは調査完了五年後の明治三十八(一九〇五)年十二月。手触りに温もりのある和紙の糸綴じ本です。その扉に、

北倭尽須《つくす》誠盤《は》日の本の大和心の花越《を》見るらん

三十八年日　正名（花押）

の歌が折り込まれています。

「正名」とは鹿児島出身の前田正名。例えば一万円札の顔で知られる福沢諭吉や新一万円札の顔となる日本資本主義の父、渋沢栄一ら同時代の著名人に比べ、一般になじみはありませんが、殖産興業家で町村是運動を提唱、指導した人です。

前田は明治新政府に出仕（農商務省）しますが、後年全国を回って伝統産業の組織化や特産品による地域振興など実践活動に邁進。山高帽に荷物を背負い、こうもり傘を持ち，尻をはしょって旅する〝前田行脚〟は有名で〝布衣の（官位を持たない）宰相〟とも称されました。

刊本『北倭村是』に前田は巻頭歌に加え「序」を寄せています。

「今ヤ全国八所ノ模範地ノ一ニ選定セラレシ名誉アル奈良県生駒郡北倭村ノ村是調査ハ、有志諸君ノ熱心ナル尽力ニヨリテソノ成ヲ告ゲ…国ニ在リテハ之ヲ国是ト云ヒ、縣ニ縣是ト云ヒ、郡ニ郡是ト云ヒ、村ニ村是ト云フ…之ヲ定ムルハ、人ノ意見又ハ多数説等ヲ以テスベキモノニ非《あら》ズ、実際ノ計算上ヨリ考究シテ定メザル可ラズ、コレ即チ調査ノ必要ナル所以ナリ…生駒郡北倭村ノ名ハ、諸君ガ今日此村是調査ノ苗木ヲ栽培シテ全国ノ模範園ヲ作リシニ因リ、他日必ズ満天下ニ伝承セラルヽノ時至リテ、其名誉ハ吉野ノ桜ヲ栽《う》ヱ、月瀬ノ梅ヲ植エシト同一ナルベク…」（…は中略、句点・濁点は筆者）

村是運動が未だ途上にある時『北倭村是』が刊行されることは、桜や梅を植え大和名勝を後世に遺した先人にも比すべき…とその功績を讃えています。調査の労苦に報いるメッセージでしょう。

村是刊行を二カ月後に控えた同年十月二十日、前田は講演のため北倭村へ足を運びました。

十七日曇時雨　父内　我役場行　前田正名君来ル
二十日本村へ御臨場相成ニ付協議会ニ行

二十日降雨　父内留守シテ籠アミ　我本日本村へ
前田正名閣下御来臨戦後ノ経営其他有益ナル講話

会北倭高等校講堂ニ開設　午前七時ニ出発八時ニ役場へ着九時ニ閣下ヲ迎へ十時頃ヨリ講話后一時卅分ニ終テ二時卅分帰ル　孝モ聴ニ行　下男ワラ仕事

『上武日記』（『生駒市誌Ⅲ』所収）が前田の来村を伝えています。上武家は北倭村の最北端、傍示（現高山町傍示）で農林業を営む大地主、代々村役などを務められました。当日は雨にもかかわらず聴衆は人口の約二割にあたる一千二十人（男五百九十人、女四百三十人）、大盛況だったことがうかがえます。一年半余り続いた日露戦争が終結したばかり、前田の「戦後の経営」にも関心が高かったらしい。

前田正名は嘉永三（一八五〇）年、薩摩藩士の家に生まれ、同郷の内務卿大久保利通《としみち》や大阪経済界の立役者、五代友厚《ごだいともあつ》に取り立てられました。夫人は大久保の姪。明治二（一八六九）年二十歳でフランスに留学、翌三年の普仏戦争に遭遇し、パリ篭城体験があり滞仏七年。草木、果物、蔬菜類、穀物、良材など有用植物を持ち帰り、大久保の指示で東京・三田の旧薩摩藩邸跡に育種、三田育種場長に。明治十年九月の開場式に広場で競馬が催され、これがわが国の近代競馬の嚆矢とされています。翌十一年のパリ万国博覧会では日本の参加を推進、固有の技術や文化の紹介に努めました。

前田は大正十（一九二一）年、出張先の九州で亡くなります、72歳。墓所は東京・芝の増上寺妙定院。平成7年建て替えの質素な墓標には「明治の殖産興業の先覚者前田正名の墓」とありますが、それから四年後に、京都・知恩院三門北の広場に建碑された「前田正名翁碑」は畳三枚分くらいはある壮大なもの。発起人に農商務省時代の盟友、高橋是清（のち蔵相、首相、二・二六事件で暗殺）らが名を連ね、碑面には前田と終生の親交を結んだ富岡鉄斎の「…丹心《たんしん》（まごころ）惟《た》だ皇民の鑑《かんが》みる有り　老に至るまで行路難を辞せず」の雄渾の文字と山高帽の行脚姿が描かれています。

二　村是のモデルになった〝模範村〟

北倭村は明治二十二（一八八九）年の町村合併で、高山、鹿畑《しかのはた》、上《かみ》、南田原、北田原の5カ村が合併し誕生しました。昭和三十二（一九五七）年に生駒町と合併し（同四十六年市制施行）、六十八年間続いた「北倭村」の名は消滅します。以来たかだか六十年余りですが、かつての村の姿を知る人は少なくなりました。日本のどこにでも見られた村の一つが、明治から大正にかけ「模範村」と呼ばれた名誉を思い起こしたい。

大阪・天王寺で明治三十六（一九〇三）年三月から一五三日間にわたり、第五回内国勧業博覧会が開かれました。産業や文化振興が狙いの内国勧業博は前後五回（東京・上野三回、京都・岡崎、大阪・天王寺）開催。最後の大阪博には農業、化学、工業から衛生、教育、美術工芸など十分野に二十七万六千点が出品され、予想を百万人も上回る四百三十五万人が来館する最大の博覧会となりました。〝万国博の大阪〟の定評はその伝統を引き継いでいます。

この博覧会に町村是二百四十九点が出品され、八点のモデル村是が表彰されました。その一つが『北倭村是』で、刊本村是の前田の「序」に「全国八所ノ模範地ノ一ニ選定セラレ…」とあるのはこのことを指します。

「第五回内国勧業博覧会総裁　大勲位功四級載仁《ことひと》親王」の名で「褒章」が贈られています。ちなみにモデル町村是に選定されたのは北倭村をはじめ石川・安原村、愛媛・余土《よど》邑、岡山・潟瀬邑、福岡・八女郡の二村、千葉・睦村、宮城・生出《いくで》村の計八村。これらをモデルに町村是調査が全国に広がりました。京都・綾部では町村是運動に共鳴した波多野鶴吉が資本、労働力などすべて自前で、その名も「郡是製絲」（グンゼの前身）を興したことが知られます。『新潟県下塩谷村是』（大正八年編）の序文に「今や一万二〇〇〇余の町村中、（町村是は）すでに一割にのぼる」と伝えています。現存する町村是は九〇〇点余が確認されているそうです。

「本村（北倭村）ハ生駒郡ノ北端、大和、山城、河内ノ三国ニ境セル村落ニシテ、東ハ山城ノ国綴喜郡普賢寺村（京田辺市）、相楽郡山田荘村（相楽郡精華町）ト犬《けん》牙《が》錯綜シ、北ハ河内国北河内郡氷室村（交野市）、西北ハ同郡交野村、磐船村（同）ニ隣シ、西ハ天ノ川ノ上流ヲ以テ同郡田原村（四条畷市）ト区域ヲ限リ、西南ハ生駒郡北生駒村、南ハ同郡富雄村（奈良市）、東南ハ同郡平城村（同）ニ接し、地形南北ニ長ク、東西ニ狭ク…西田原村（河内側）ノ境ヲ除クノ外四面皆山ヲ圍《めぐ》ラシ、高山ノ北方ヨリ富雄川中央ヲ貫キテ南ニ流レ…」

村是冒頭に河内、山城、大和の〝三国境の村〟の地形図が活写されます。天野川沿いに拓けた南北田原（大和側）を除き、北倭村は耕地面積が狭く小農の多い村でした。大正三（一九一四）年に大阪〜奈良間に鉄道（大阪電気軌道＝現近鉄奈良線）が開通し生駒駅周辺は急発展します。北倭村はその恩恵に浴さず「陸の孤島」（『生駒市誌Ⅴ』）といわれましたが、じつは他国の隣接村と結ぶ峠道が発達し、古くから交流が盛ん。大阪や京都の情報に敏感だった土地柄といわれます。

北倭村自治区は面積が大きく人口も多い高山地域の北から傍示、庄田、大北、久保、宮方《みやかた》、芝の六区に、鹿畑、上、南北田原を合わせた十区。戸数千百三十八戸、人口五千二百九十四人。八〇％が農業に従事し、うち約四〇％が兼業農家、他は農業に付随した商工業、サービス業は飲食店二軒と理髪店一軒。

明治四十四（一九一一）年、北倭村は内務省から優良村の表彰を受けています。

「協同輯睦《しゅうぼく》（睦まじく）相率キテ克《よ》ク公共ノ事ヲ竭《つ》クシ整理経営共ニ見ルベキモノ少カラズ　今後尚一層ノ奮励ヲ以テ互ニ相戮力《りくりょく》（力を合わせ）シ益々其ノ実績ヲ挙グベシ　茲《ここ》ニ金壱千円ヲ授与ス　明治四十四年十一月三日　内務大臣従三位勲二等　原敬」（『生駒市誌Ⅴ』所収）

追って大正四（一九一五）年二月には県知事川口彦治からも表彰され「…明治四十四年内務省ノ選奨ヲ受ケ爾来愈々《いよいよ》拮据《きっきょ》（働くこと）励精《れいせい》（励み努め）村治ノ発達ヲ企図シソノ成績見ルベキモノ尠《すくな》カラズ…茲《ここ》ニ奨励金五拾円ヲ授与ス」（同）とあります。

幕末維新以来の体制変革の時代、北倭村もいくつかの困難に直面します。藩政時代の支配構造が高山では西が旗本森氏、東が旗本堀田氏の相給地、鹿畑は堀田氏、上は郡山藩大名領、南北田原は旗本松平氏とそれぞれ異なり、地域の気風の違いから住民意識の統合にはとくに苦労したらしい。

「爾来《じらい》二十有余ノ星霜ヲ閲《けみ》シ、全村民漸《ようや》ク利害関係ノ緊切《きんせつ》（近いこと）ナルヲ自覚スルトトモニ、逐年感情ノ融和ヲ得…今日ノ如キ健全ナル自治体ヲ完成シ模範優良村トシテ国家ノ選奨ヲ受ケ天下ノ耳目ヲ聳動《しょうどう》

（世間を驚かせる）スルニ至」ったとは『北倭村沿革史』（大正四年＝『生駒市誌Ⅴ』所収）の述べるところです。

明治二十年代の町村合併を乗り越え、村の運営に成果をあげたことが評価されたようですが、困難克服の原動力の一つが村是活動だったと思われます。

三 「勤勉収益」や「規時会《きじかい》」設け村づくり

『北倭村是』（本文冒頭「北倭村々是」）の調査が始まったのは明治三十三（一九〇〇）年四月。視学官（教育指導・監督の行政官）の有山正文氏を調査主任に村内の指導層や有識者四十人が委員を委嘱され、委員は詳細な調査表を作って各戸に出向き正確を期しました。調査は九月に完了、この間わずか六カ月、集中的に調査にあたった委員の誠実さと熱意には驚かされます。

是とは道理にかなう、よい、というほどの意味。是認、社是、是非などと使われます。国是に対し町村是はその地方版。具体的には町や村の実態調査を行って分析し、その結果をもとに将来の基本となる政策や方針を明らかにするものです。

刊本『北倭村是』は約一四〇ページ（和紙二つ折、二八〇ページ相当）。現況、参考、将来の三部構成で、巻末に「村是調査後ニ於ケル施設事業ノ一班」を追加。調査から刊行まで五年間の追跡調査で、成果をあげた事業もあれば未達成のものもあり、未達成については改善を促す周到ぶりです。子女教育には力を入れ、村立の農業補修学校（開校明治三十九年）、女子実業学校（同四十二年）が設立されています。

調査内容は地質、気候、農業労働、村の人口構成から始まり、専業兼業、衣食住、余業、交通、負債、耕地、段別、山林、原野、生産物、河川、畜産、町村の負債、負担、輸出、輸入、風俗、貯蓄高、出稼ぎの数、余業奨励、肥料の共同購入、組合設立、共進会の開催、技術改良、規時会設立など詳細を極め、当時の村の姿が丸ごとわかる貴重な資料になっています。

日清戦争（明治二十七〜二十八年）以来、村民の奢侈逸楽が目立ったため「勤倹貯蓄組合」を組織して十カ条の規約を作り、第五条に組合員は業務に励み、家族を諌《いさ》め遊惰の行為をなくすこと、常に節約し奢侈に流れる物品の購買を止め不時に備えよ、と事細かに規定。さらに「基本財産蓄積」のため、予算の剰余、交付金、貯蓄額、事業収益などに加え「勤勉収益」を掲げているのが特色です。

毎月家業のほかに、一戸につき縄一貫目を生産、一カ月で全村千六百貫目を得る。一貫目六銭として六十六円、一カ年で七百九十二円得られる。商工業者は事業利益より金六銭を出金し縄の生産に換え、この方法で確実な銀行利息を含め十五年で六万三千余円の収益を得ることができる、と具体的です。

おもしろいのは「規時（時を正す）会」。当時、時間の観念に乏しく、午前の会合は午後となり、午後の会合は夜会となり、甚だしきは前日の会は翌日に及ぶ。遅来者を待つ者は欠伸に飽きいったん帰宅、遅れてきた者も開会を待ちきれず帰ってしまうありさま。この弊風を正し、貴重な時間を有効に使わなければ進歩についていけないと、規時会規約を作り、公私の集会時間に遅延すれば過怠金を徴収しました。近代の村づくりは国をアテにせず、自助、自立の精神で始まりました。

同村是「将来之部」に「一村ハ一家ガ生活ヲ為スベキ相当ノ資産ヲ備ヘ維持ノ方針ヲ立テ、自治独立ヲナスベキ資産ヲ持ツベキデ…コレガナケレバ一家ノ名アリテ一家ノ実ナク、自治ノ名アリテ未ダ独立ノ実ガ備ハラナイ。国家ノ基礎デアル自治体ノ町村ハ村運進歩ヲ目的トスルシッカリシタ方針ガナケレバナラナイ…農業者ハ地味ノ養生、地質ノ応用、肥料ノ利用、農具ノ改良ナドニ意ヲ注ガズ、旧幕時代ノ陋習《ろうしゅう》ニトラワレテイル…イマヤ国民タルモノ目ヲ覚マソウ。方針ヲ定メ、経世ノ生産ヲ確立シ、村ヨリ郡ニ及ボシ、郡ヨリ県国ニ及ボサナケレバ…コレガ本調査（村是）ニ着手シタユエン」と気概を述べ、その「結論」で「イマヤ調査ノ結果、本村ノ経済ノ実体ヲ知悉《ちしつ》スルニ至ッタ。村是ニ従ヒ一村全力ヲアゲテ遂行シヨウ。ネガワクハ財政ノ基礎ヲ整ヘ、一家一村ノ福利ヲ増進シテ、上ハ国家ノ厚恩ニ答ヘ、下ハ祖先ノ恩義ニ報イルベキ」（いずれも概略）と締めくくっています。

調査にあたった村の指導層の見識、志の高さに感動すら覚えます。付け加えれば、昨令和二（二〇二〇）年は村是調査からちょうど百二十年の画期にあたりました。

四　今に通じる〝地方創生〟の思想

町村是運動は『興業意見』の挫折から始まったといえます。『興業意見』とは明治十七（一八八四）年、前田正名が農商務省の大書記官（局長クラス）時代に編纂した当時の日本経済の実態報告です。「日本経済の歴史上最初の白書」（中村隆英『日本経済の建設者』）との評価もあり「幻の経済白書」といわれます。高橋是清もこの編纂事業に加わり前田と寝食を共にしたことが知られます。

『興業意見』の原本は三十巻を超える膨大なものですが、昭和八年に復刻概要版が出ています。明治十七年といえば、不況が極度に達し米価低落、増税追い打ちのため地方の農商工が大きな打撃を受けました。いわゆる「松方デフレ」（紙幣整理などを断行した大蔵卿松方正義の政策）に呻吟する地方産業の実態を浮き彫りにしたのが『興業意見』です。前出の柳田國男が目撃した「飢饉の体験」は明治十八年のことです。

『興業意見』の意図などを記した前田の「所見」（明治二十五年＝近藤康男編『明治大正農政経済名著集』所収）に「人の意見ではなく、物に問え」「政策の誤まりなきは現実把握から始めよ」と強調しています。「現実即応の政策の登場」（高橋亀吉『日本近代経済形成史』）と評される所以ですが、かみくだいていえば、日本が海外の先進国に比肩する地位を望むなら、確固とした国是が必要、そのためには「物に問う」実態調査が不可欠なこと、わずかの外国書を読んで日本の現実にあてはめたり、政治的利害に走る人への批判を展開しています。

前田研究の第一人者で京都大教授などを務めた祖田修氏は『興業意見』の「解題」（『明治大正農政経済名著集』）や評伝『前田正名』で、『興業意見』は単なる調査報告ではなく「日本経済の現実を調べ、政策方向を体系的に確立することを狙い…地方在来産業の育成振興を主張し特異の光彩を放つ」と指摘しています。

『興業意見』はしかし、「移植大工業中心策をとる松方ら政府主流に否定」（祖田氏）され、前田は職を解かれました。その後の町村是運動が『興業意見』の精神、手法を引き継いだのは明らかです。

前田の全国行脚が始まったのは明治二十五（一八九二）年。町村是運動を指導するかたわら、茶業、蚕糸、石炭、マッチ、木蝋、酒造、畜産、農業、製糸、織物など地方産業の組織化を進め、特産品による地域起こし、品質向上などに後半生を捧げ、徹底した地方からの積み上げ方式を貫きます。いまなら地域活性化運動、最近のスローガンを援用すれば「地方創生」ともいえます。

こんなエピソードがあります。「秋田の労農《ろうのう》（農事に精通、識見優れた指導者）」で有名な石川理紀之助が内務省からの招請に「産業は地方から始めるべきで、地方に適切な人物を配置することが先決」（田中紀子『農聖石川理紀之助の生涯』）と断り、九州に出向いて農業改革を指導しました。「前田精神の具現者」ともいわれた石川の面目躍如です。

ついでながら、奈良・天理市出身の中村直三は幕末から明治初年にかけわが国近代農業、とりわけ稲の品種改良に大きな功績を残し〝天下の労農〟と呼ばれた人ですが、中村も晴雨昼夜を問わず、握り飯、雨傘、提灯の三点セットを携え全国を指導して回りました（荒川羽山『増補労農中村直三』）。中村が秋田県から客分待遇で招かれ農事を指導した時の若い愛弟子が石川理紀之助でした。

日本が経済大国達成の一方で、地域産業振興、中小企業の育成が後回しにされてきたのが実情です。前田の今日的意義の一つは、地方経済の潜在能力掘り起しに先駆的な役割を果たしたことがあげられます。

おわりに――「小さな村」再生への遺言

二十一世紀を翌年に控えた平成十二（二〇〇〇）年一月六日付読売新聞に、劇作家・評論家の山崎正和氏と国際的指揮者で日本にもファンの多いジュゼッペ・シノーポリ氏の対談（「芸術に何ができるか」）が掲載され、シノーポリ氏が象徴的な表現で提示した「小さな村」が強く印象に残りました。

ごく一部概略を引用すると―

シノーポリ　グローバリズムが台頭し、人々の文化の記憶を破壊しつつあります。世界の均質化が進む中で、人々は孤立し、心理的鬱状態に陥っているように思われます。

山崎　それは大衆社会が完成されたということ。生活様式が均質化し、人々は古い共同体を失い孤立化している。そこで芸術の果たす役割、演奏会の聴衆は演奏に耳を傾けている間は緩やかな連帯を感じている。一斉に感動し自然に拍手が湧く。昔の村や教会のような固定的な集団ではないにせよ、一つの救いになるはずです。

シノーポリ　グローバル化がかつてあった「小さな村」を壊してしまった。「小さな村」は境界に仕切られてはいたが、内部には自由があったのです。その破壊の一つの元凶はインターネットではないでしょうか。

山崎　インターネット、テレビなどは情報をもたらします。情報は知識とは違って断片的で、前後の脈絡は弱く、無秩序に人を襲い…しかし情報を拒否することは不可能。その情報を創造力でまとめていく以外に道はない。

シノーポリ　人類は太古の昔から神話がそうであったように…言葉の「いのち」を用いながら、苦悩を乗り越えてきました。ところがグローバル化のなかで、言葉の豊かさが失われ…想像する知の力が衰えています。

山崎　人間の身体性、人間は体を持っている…情報化時代でも人が劇場や音楽会に行くのは、身体から直接発せられる何かを受け止めるため。身体には創造力を刺激する特別な回路があるのです。…人は出会いによってお互い刺激を受けます。そこに理性を超えた交流が生まれる。記号や情報が氾濫するなかで、身体の出会いの場を回復しなければならない。

シノーポリ　現在わたしたちに必要なのはグローバル化に対して「小さな村」を作り直し、文化の記憶を取り戻すことです。文化や芸術はとりもなおさず「小さな村」なわけです。未来を真剣に見つめるのであれば「小さな村」づくりに力を注ぐべきです。

シノーポリ氏は対談当時、独ドレスデン国立歌劇場管弦楽団首席指揮者を務め、文明批評家でも知られました。山崎氏との対談は情報化時代と芸術がテーマですが、シノーポリ氏がグローバル化に対置して提示した「小さな村」には、芸術などのワクを超え、風土に根差した原体験がイメージされていたのかもしれない、と感じさせられます。

それにしてもシノーポリ氏の死は劇的でした。対談から一年余の平成十三（二〇〇一）年四月二十日、ベルリン・ドイツ・オペラでヴェルディ作曲「アイーダ」を指揮中、突然倒れ不帰の客に。五十四歳。報道によると、第三幕、エチオピア王の娘アイーダがエジプトの武将ラダメスと巡り合う場面を演奏中で、劇場専属の医師や会場に来ていた医師が舞台に駆け上がり蘇生術を施したが、そのまま息を引き取ったそうです。

シノーポリ氏の「小さな村」の再生は遺言となりました。それから早や二十年、情報化の波はとどまるところを知らない勢いです。「文化の記憶」が危機に直面しているのは間違いのないところです。

シノーポリ氏の「小さな村」に、〝北倭村是の村〟を重ね思いを巡らせています。『北倭村是』はすでにその役割を終えた近代地域史の一資料に過ぎませんが、自助、自立、自治を掲げて「村のかたち」を整えようとした当時の指導層と、それを「是」とした村民の志は「文化の記憶」として大切に語り継ぎたいものです。

生駒地方史研究覚え書（上）

小島　亮

一

生駒地方史界は生駒市誌が刊行されて爾後二年経ち、その記述を周る所謂「生駒市誌論争」が地元の旬刊紙を中心に展開されて大きな反省が遂されつつある。本稿で取上げる生駒地方史の動向批判も既に検討され尽くし屋上屋を架することになろうが、一応市誌論争に深く関係した者として㈠生駒地方史界の現状を紹介し㈡市誌論争の問題点を整理して、以て広汎な生駒地方学の布石としたい。

これは一地方に限ることなく、あまねく奈良地方史界に対する評価となろうが一つには「地方史の大衆性」の欠如が大きな問題として提出され得よう。それを最も反映しているのが在野研究組織の不審、ないしは市民的な段階に於ける地域認識の低さである。

本来、科学の大衆性が大衆の科学性を意味するならば、①かかる「市民の地域認識の低水準」を周る諸問題の研究史的な把握は奈良地方史界の当面の反省として位置付けて良くはなかろうか。具体的な指摘は本稿の性格上少々憚りたいが、私のその論点として㈠町村史の刊行のみを急いだがために市民科学の組織化が放置されたこと㈡またその合理的な刊行のために執筆者が一定になりがちでアカデミズム的な雰囲気が多分に形成されたことが顧慮に値するものとして十分掲げうるのではないかと思う。地方史の意義は少なくとも地域民の生活自体に内在するものであることを決して忘れることは許されない、きつい現状批判になるが現在の奈良学の動向は局部的な超学術性と市民的な俗性を以て最大の特徴を遂しているようでもある。

然るほどに生駒地方学もその奈良研究の諸問題のカ

テゴリーに在って研究界と市民とを結びつける機会は微かに地元の旬刊紙「生駒新聞」が存在するだけである。私たちの市誌批判も件の生駒新聞を舞台に展開したのだが何しろ字数が制限されるだけでなく「郷土史家の年功加俸的な研究」[2]が幅をきかせて居る現状の中に在っては執筆の内容も大きく考慮せねばならないということもあり、やはり専門的な紀要の存在を渇望すること一再ではなかった。余談が長くなったがここでは生駒新聞紙上で展開された成果と研究界の動静との関連に就いて若干述べることにしたい。

二

凡らくその中で先ず特筆すべきは山崎清吉氏の高山茶筅史に因む研究であろう。氏は神職の中に在りながら高山地方（生駒北部）前近代史および民俗関係に於いて実証的な研究を独力で切り開かれてきた方である。特に氏の奉職する高山八幡宮は無足人座の形成や八朔の伝承として民俗学的にも社会史的にも注目され[3]、氏も自身の研究を「高山茶筅小誌」「高山地名考」「新風土記茶筅考」として生駒新聞紙上に長期に亘って連載され地域認識の普及に大きな寄与をなしたことはかなりの評価に値することである。その成果は後に氏の研究叢書「郷土誌史料」の第五篇「高山の茶筅小誌」（昭四十七）として小冊子に纏められ平易な著述を以て研究者のみならず一般市民にも便を与えている。氏の論点にかんしては詳しくは氏の著作に直接拠られたいが、大概、谷村家有文書「茶筌伝記」等を無批判に継承した所謂「連歌師宗砌開基説」に対して「茶筌伝記」の偽文書的な性格や前近代村落社会史からのアプローチを据まえて茶筅の始祖を高山氏の「頼秀、頼春兄弟或いは頼宗」[4]に設定されるものであると言えよう。因みに氏は「高山の茶筅小誌」の成果を再確認される意味で「高山茶筅誌」（「風土」創刊号所収）を発表されたことを書き加えておく。

その他山崎氏以外のものは一体に観光ガイドの焼き直し的なものや事大主義的なものが多く遂一取上げることは他稿に委ねたい。

三

生駒市誌の前提的な誤謬は、そのような閉鎖された状況の中で殆んど方法論的な検討が遂されないまま公刊の時期を急いだことに集約されると言って良かろう。即ち「市民の声を反映する」ことは究極には市民の声を在らしめた歴史的環境を客観視することに具象化されようが、「市民の声」或いは「市民に親しまれる」という意味を十分に検討せず徒らに事大主義的権威主義的な方向に迷ったと言うことである。例えば市誌第一巻は次の如くに構成されている。

1　地質時代の生駒
2　神話時代の生駒
3　行基と竹林寺
4　生駒神社
5　茶筅の高山
6　湛海律師と宝山寺
7　生駒陣屋と矢野騒動

上に見られる通り市民史に根ざした人民の歴史像が殆んど問われることなく「郷土には昔、中央に聞えたこれこれの人物が生れた、或は訪れてきたことがあるとか、郷土にはこのような名産があったとかいう類のことを明らかにして満足する研究⑤」であった戦前の事大主義をそっくりそのまま継承した恰好である。わけても問題となるのは「神話時代」なるものの復活と考古学的なアプローチが全くないという点であるが、これに深く関連するものとして所謂「金鵄発祥」に就いて記述上の問題を重約させてみよう。

市誌に依れば「神話については戦後は、その真実性に疑問をもつようになった。しかし土地の人々は何となく神話に愛着をもち、少くとも代々の先祖もそれを語りつづけてきたものとして親しみをもってむかえられているので昔からの伝承として取上げることにした」（五十一ページ）とある。神話についてその真実性に対して疑問が持たれるようになったのは戦後どころの話しではないが、とくに注意しておきたいのは生駒の在野で昭和一〇年頃に執筆された中田庄一「金鵄発祥地私観」（北倭村青年団団報・創刊号）の中に「私は金鵄発祥が北倭の何処であるとか磯城郡の何処であるとか言ふことがすでに歴史に対する冒瀆であると考へる。吾人は史実に忠実ならんがため敢へてその地を云々せない者である。論定そのものが無意識であるは言ふ迄もない」（原文旧字）といった実に注目すべき記載があることである。この市誌の記述では金鵄神話は「昔からの伝承」即ちフォークロアであると読み取れうる（げんに紙上で私に対してなされた反論の中で委員会は神話とは即「巷の伝承」であると言われている）が、所謂「紀元二千六百年祭」に至る嵐の中で執筆された論稿にすらこの金鵄神話に対する歴史科学的な疑問が出されているのである。

私はこのような近代史的な視角から、当時金鵄発祥地が各地で出現したことなどに鑑みて、これは国家主義政策の一環として直接にでっち上げられたものではなくて、国家イデオロギー政策の一連のなしくずし的な成果として在野から起った一種の反動カンパニアではなかろうかと思うが市誌では「時には鵄が、地名からの訛りにかけた類推話という説等も出てきたり、又同様な地名、蹟話があちこちに存在し、多くの学者達の論争の的となっていることは既に衆知の事である。然し、昭和十五年文部省が行った顕彰地調査の結果その報告にもとづいて、この生駒の地を神武天皇御聖地と定められ、当時の国定教科書の扉に其の写真がのせられたりしている。」（五四～五五ページ）というように国定教科書の記事や文部省の調査などを無批判に使って金鵄発祥地を「立証」したりしているのである。とくにこの文部省の報告書は辻善之助などの良心的な学者も執筆に参加していることから、従来十分な批判が与えられなかったが、辻などが執筆に参加していることを即この報告書の「学術性」に直結することは危険で、むしろ辻などのアカデミズム学者の政治的無力を示すものとすべきであろう。因みにこの「地名からの類推話という説」の提起は先に述べた山崎清吉氏「高山地名考」（生駒新聞昭和四六年一月一日号所収分）の記載である。

このように史料批判の甘さ乃至は歴史認識の貧困に端を発した誤りが随所に見られ、「安永六丁酉年五月」に作られた家系図をそっくりそのまま踏襲して「朴氏は神功皇后・応神天皇の後裔で生駒大明神の旧流である」（三二二ページ）などと書かれたり、行基が民衆の支持を得たのは「行基が中央集権をあずかる官僧から小僧扱いとされる中にあって民衆はやむにやまれぬ敬慕をして、その教えにしたがった」（生駒新聞四月一日号）からであったりするのである。またそのような事大主義的な背景から当然排外的な要素も問題にされようが、批判者である私達に向って公然と「他国もののひがみ」(同上)と書いたり、果ては「多くのナガスネヒコと多くの神武天皇の戦は昭和の今もここ生駒につづけられている。先住民族ともいうべき土着の生駒人は今、来住民族とも言うべき団地人に祖先伝来の土地を一つづつ削り取られて行く。金鵄ならで近代的ブルドーザーの力によって景勝の地は一たまりもなく崩され、安住の生業はおびやかされて文化生活に帰順するか、それとも祖先の残した生業を死守すべく頑固の賊名を残して倒れるか、神話さながらの姿がここにあるではないか」(生駒市広報一三七号)などと責任転嫁も甚だしい排外主義に満ち満ちた文章を地方自治体の配布物に掲載したりするのである。少しく方法論的な諸問題の整理に字数を費し過ぎたようだが技術的なところでも市誌第一巻(市誌は全五巻の予定)は多くの問題がある。一つは誤植の甚だしさであるが、例えば寛政重修諸家譜より抜粋された松平信重から松平信寅までの記述(市誌三一一ページ~三一四ページ)などは、たったの実質二ページ半の中でなんと四十四字の誤植があり[6]、義俠与平実伝記(四八〇~四八五ページ)の中に三十五字の誤植があったりするのは資料として信頼するのに私達はいささか逡巡する処である。中でも寛政重修諸家譜の抜粋などは部分的に歴史仮名遣いが現代仮名遣いに変えられていたり、諸家譜独特の叙述法(例えば格助詞「の」を使うべき処に「が」を使ったり、ナ行変格活用「死ぬ複合変格活用「死す」が使われたり、「継ぐ」は連用止めにして活用語尾を省いたりする)から考えて常識的に判断できそうなものまで誤記してあるのはいったいどういうことだろうか。少しく反省を促したいが「巳」(スデ)が「己」(ツチノト)と誤植されているのは枚挙にいとまがなく、「地質時代の生駒」のところで「輝石安山岩(宝山寺般若岩)」(三五ページ)と叙述されているのは何も輝石安山岩の俗称里称が宝山寺般若岩ではないのだから「宝山寺般若岩(輝石安山岩)」とすべきでもあろう。他では石高表の数字に誤り(十八~十九ページ)があり、「キリスト教徒」と「きりしたん」とは区別すべきであるし(四四七~四四八ページ)、「縄文」を「縄紋」としたり「大坂」を「大阪」としたりすることも慣例から避けた方が良かろうと思うほか、「金剛生駒国定公園」が「生駒金剛国定公園」（はじめに）や「金剛生駒国立公園」（五二四ページ）となっているのも訂正した方が賢明と言えよう。

ともかくも一部の学者の寡占的な状況の下で地元の研究者だけの手で編集されるという画期的な意義の反面、少々の不都合もあるだろうが「地方史の地方性」とは決して「地方史の俗性」を示さない筈である。その意味で十分な反省を据まえ批判の次元に立ち返って良い市誌の完結を望みたい。

私たちの批判活動も全て市誌をバック・アップするため以外の何物でもない。

四

次にここ一年間程の生駒地方史研究の注目すべき成果について若干紹介の筆を執りたい。私たちが市誌論争の中で「郷土人民は必ずしも行政区画上の地平でのみ郷土生活を営んでいないことに考え合わせ、行政区画上の地平でのみ地方史を留めることは何某市の歴史であっても市民の歴史ではない」（生駒新聞六月二〇日）ということを確認し、その具体的な構築のために「研究動向ノート」（九月一〇日〜十二月二十五日）を纏めて生駒山大阪側の研究動向を紹介したことがあるが、それに並行して幾つかの注目すべき成果が現われて広い「生駒市民史」の眺望のための布石となっていることは特筆に値しよう。その代表的なものは「国境物語」（読売新聞連載）であると評価して良いと思うのだが、この「国境物語」は旧く毎日新聞に連載された「生駒山系」の如く奈良県側だけにとらわれていないことや奈良と大阪で同時に掲載されている点において画期的と言って良いものである。然しながら高山茶筅が今だに「宗砌説」を踏襲したものであったり「河内ええじゃないか」の起因が「河内の人が特別に伊勢神宮に親しみをもっていたから」などという他愛もない附会説だけが紹介されてあったりして生駒地方学の成果を十分に反映しているとは言いがたいが、今後本格的な「生駒市民史」構築の足がかりとして一つのメルクマールとなることは否めない。もう一つ注目したい成果は「奈良県水平運動史」（部落問題研究所刊）である。これは特別に生駒地方のみに限定された著作ではないが奈良県近代の動向を世界史的な立場から把えた凡らくは現在最も信頼のおける著作で「このように一県の水平運動史が一書にまとめられたのは最初のことであり、しかも二十名をこえる集団研究と執筆でなされたという、歴史科学運動史上画期的な出来事⑧」と指摘されている。

尚中央史学関係でも当地方をフィールドとされた成果が最近目立っているようである。

山田弘道氏は「難波駅路」（史迹と美術四二八号）においで奈良朝の難波駅路を暗峠として位置付けられ、その他古代史関係では真中幹夫氏は「行基研究史」（歴史学研究三九四号）で日本古代史学史の再検討という立場から「諸学説を批判的に継承し、新たな見地から行基論を展開」（三九ページ）する必要性を強調され、私事にはなるが市誌批判にかんして頗る参考になった。また中世では私は未見ではあるが徳永弘道氏が「文殊騎獅像」（国華九四九号）において（華厳祖師画像にみえる宋元画の影響は）「醍醐寺本『諸文殊図像』の系譜をひくと指摘し生駒長弓寺伝来である点に着目し松橋流の学殖をもつ叡尊が長弓寺に留錫したことと関係がないかと示唆⑨」されていると聞く。近世では原田敏丸氏が「大和における近世の山割史料」（徳川林政史研究所研究紀要一九七一年度）で平群地方の資料を紹介されていることを書き加えておこう。（以下次号・未完）

註

①戸坂潤「科学的精神の探求」Ｐ二〇二
②永島福太郎「奈良県」（日本歴史学会編「地方史研究の現状」所収）Ｐ二七四
③山崎清吉氏によれば近く野口省吾氏が研究を大成されるという。
④山崎清吉「高山茶筅小誌」Ｐ七
⑤地方史研究協議会「地方史研究必携」岩波全書Ｐ二
⑥現在最も信頼のおける続群書類従完成会版第一巻　Ｐ四八―四九を参考にされたい。
⑦斉藤美澄「大和志料」下巻　Ｐ四三〇およびＰ五三六―七を参考せよ
⑧歴史科学協議会編「歴史評論」二七五号　Ｐ一〇七参照
⑨史学会（東京大学文学部内）編「史学雑誌」第八二編五号　Ｐ八五―六

（七三・一二・二一稿）

生駒地方史研究覚え書（下）

小島　亮

五

本稿の上編を執筆してすでに一年を経た。とくに第一巻の誤謬を反省して刊行された生駒市誌第二巻（近代史料編）などによって、この一年間だけでも生駒地方史研究の進展は目ざましいものがあると[1]言える。下編では特に奈良地方史研究の発展過程における生駒地方史研究の現在位置を跡づけることに努めたいが、とりあえず第四章の穴埋めとしてここ一年間における生駒地方史研究の動向をかんたんに概括したい。

まず、個別論文では茶筅史研究家の山崎清吉氏が「高山の茶筅小誌」を『茶道雑誌』（月刊・河原書店刊）の昭和四八年一二月号より若干の加筆を交えて転載され、茶筅研究の長年の成果を広く問われたことが注目されよう。氏は続いて「新風土記茶筅考」を執筆中であり、老体を以てますます健筆をふるわれる氏のエネルギーに敬意を表したいが、因みに、氏が愛でてやまない北倭の風物詩を、氏一流の筆致で綴られた随筆集『春の車』（昭四八・風土同人社刊）を近年ものされたことも紹介しておこう。

ところで最近の生駒地方史研究で特筆大書して検討せねばならないのが、野口省吾氏による高山地方の宮座にかんするモノグラフ[2]である。この高山の宮座は、氏によれば「奈良県下でも最も異色ある宮座の一つ」であり、「農民階層による宮座と、それとは別個に村民中の特権層とも称すべき無足人階級によって結成された無足人座なるものが存在し、明らかに宮座の二重構造、祭りの二重構造を指摘し得るが、かかる現象は奈良県下では恐らくこの地以外には見出されない[3]」ものであると言う。

前近代史に疎い私は、氏の行論を逐一批判的に継承する能力を持たず、また現時点では未完の論稿でもあるので、ここで深く立ちいって検討することは差し控えたいが、宮座の二重構造と、農業生産力の発展に伴う力関係の変化、さらには、いわゆる「平座」の経済的へゲモニーの把握に伴う政治的へゲモニーの確立の過程などを見るとき、この問題が単なる社会史の対象となるに留まらず、氏の言葉を借りるならば「上部構造としての宗教信仰と下部構造の社会と経済――この両者の相関関係と両者間に発生する相互作用」の検討に大きな示唆を与えていると言わねばならないだろう。ただ、少しばかり疑問点を示せば、ふつう我々の想起する無足人の歴史像というものが「家格の高い百姓はまた経済力も豊かであるのが通常」ゆえ、「このような家格意識をさらに近世領主は利用した」ものであって「ことに近世後半期に諸藩は財政難を救うために農民より献金を求め、それによって種々の栄誉を与えた」[4]という側面をも担うものと考えがちで、野口論文の第一編を読んだ限りにおいては、無足人座が元禄時代という封建社会内での生産力発展の顕著な、いわば幕藩制史上一つの経済的エポックを画す時期[5]に形成されねばならなかった必然性が科学的に証明されていないように思われるのである。さらに第二点の疑問は、氏の行論を見るに、いわゆる「平座」と「無足人座」の階級関係を機械的に区分されているようで、無足人が農村内の特権層として聳え立っていたという反面、両者は村落共同体の同一の構成員であることから、両者の「階級」関係の特徴を相互対立だけに求められるべきではなく、相互浸透にも存在したと思われるのである。

以上、氏の論点の逸脱を知りつつも敢えて疑問を提示させていただいたが、前述の如く「平座」の経済的へゲモニーの把握に伴う政治的へゲモニーの確立に至る部分などは、きわめて重要な研究というべきであり、「上部構造の独自性」ということから、突きつめれば、例えば経済的には後進地域と言うべきこの高山地方において、何故奈良県最初の組織的な小作争議をたたかい得たか、という問題にまで氏の論点が押し広げられるべきだろう。

とくに第一点では、階級関係の歴史分析における科学的根拠は（あらゆる歴史上の闘争はいかなるところで起ろうとも）「じっさいは社会諸階級の衝突がどのようなものになるかを決めるのは、諸階級の経済状態の発展程度であり、諸階級の生産の様式およびこれに制約された交換の様式⑥」にあることを忘れることは瞬時たりとも許されないといえよう。

野口氏の労作に多くの字数を費したが、その他でも無視することのできない成果が現われている。古代史では、大橋一章氏の「古代墓誌の研究」（『史学雑誌』八三―八号）が「従来、墓誌といえば考古学的な研究がその主流であり、墓誌の出土状況・材質・形状および火葬墓との関係等が研究されてきたが、この小稿においては金石文の立場から古代墓誌の性格を究明し、併せて『喪葬令』が規定する墓碑についても私見を述べてみることにしたい⑦」という立場から古代墓誌を検討され、生駒地方では美努岡萬連碑と行基墓碑の分析がなされている。

なお、「まったく空白といってよい⑧」と酷評されていた奈良県の近現代史研究も『奈良県社会運動史年表』（県歴教協・非売品）の刊行以降、序々にではあるが進展してきており、その分野で幾つかの重要な成果があったことを特筆せねばならない。

そもそも日本における近現代史の研究は「一つの研究分野として市民権をもちえたのはごく最近のことであ」り、「戦前においては、体制批判の科学としての現代史そのものの存在がきびしい弾圧の対象とされたし、戦後においてもその影響は容易に拭いさることができ⑨」ないことから、将来の研究に期待するところが大きいが、今日までの研究の多くは在野の、しかも歴史科学運動の中で確立されてきたものであるので、これらの検討は最近の科学運動の状況をふまえつつ、別章をたてて論及してゆくことにしたい。

註

①生駒市誌第二巻については、小島亮「市誌第二巻ノート」生駒新聞所載一〇〇九～一〇一一号を参考のこと
②野口省吾「大和高山の宮座㈠――奈良県生駒市高山町」ソシオロジ（京都大学社会学研究室）第五九号、P九〇～P一〇九
③野口前掲論文P九一
④児玉幸多「身分と家族」岩波講座日本歴史第一〇

巻（近世２）Ｐ二三八
⑤大石慎三郎『元禄時代』岩波新書
⑥フリードリヒ・エンゲルス「マルクス『ルイ・ボナパルトのブリュメール十八日』への第三版序文」岩波文庫版　Ｐ一一～Ｐ一二
⑦大橋論文　Ｐ五四
⑧『奈良県水平運動史』Ｐ四一四
⑨『世界史における一九三〇年代』序文の藤原彰氏の指摘による

六

敗戦後における科学的歴史学の理論的成果は、苛酷な十五年戦争下の弾圧体制のもとで来たるべき日本帝国主義の敗北に満身の期待を託して準備されていたことはよく知られているが、[①]それが歴史科学運動の中で積極的に洗い直され「運動」としての形態を持ちえたのは、一九五〇年代の国民的歴史学運動を以て嚆矢とすべきであろう。[②]

私の如き「戦無派」はこの国民的歴史学運動の大きな渦に参加できなかったという致命的制約があり、加藤文三氏の『石間をわるしぶき――国民的歴史学と歴史教育』（一九七三・地歴社刊）を読むにつけて、ますますその感を深めざるをえないが、ここでは小稿の性格を逸脱しないように自制しつつ、今日の動向整理という立場からかんたんにふれておくことにしたい。

現在、この国民的歴史学の運動は多く「敗北」したと論ぜられ、中村哲氏に至っては「無理論的実践主義」[③]とまで酷評されてはいるが、今なお（否、今でこそ）この運動にすすんで学ぶ必要があり、かつ教えられるところが極めて多いのは、石母田正氏の『歴史と民族の発見』（正・続）が、この運動に全く関与していない私のような者が、今読んでも新鮮さに満ち満ちており、多大な啓発をうけること一事をとってみても明らかであろう。

国民的歴史学の轟々たる動きが伝わってくるような総括報告[④]において、浜田博生氏は「国民的歴史学の運動は『自滅』したなどという人がいるけれども、わたしにとって自滅などなかった。またそのような非生産的な論義に時間を貸すほど余裕もなかった」と述べられているが、まさに今日の科学的歴史学の実践的な根拠は、そっくりそのままこの国民的歴史学運動に求められるといってよい観さえある。

ところで、奈良県における国民的歴史学運動は、前述の浜田博生氏の文章によれば民主主義科学者協会歴史部会奈良支部（以下、民科奈良支部と略称）が中心となって「歴史研究、教育実践が真に国民の科学としての歴史、教育であるならば、その地域の闘いを発展させることに寄与するものでなくてはなるまい」という切実な課題を担ってたたかわれたものと言われている。不幸にも民科奈良支部は設立一年を経ずして自然消滅したといわれるが、そこで作成された『福貴の歴史』が浜田氏の謙遜にも拘らず大きな評価をうけていることからしても、そこで得た成果は決して小さくはなかったというべきである。

また、『福貴の歴史』編集の折に確認されたという①古文書を読むための力量をつける②農村調査の方法と態度を身につける③農村の今の要求と政治のかかわりあいをとらえる④学農提携を深める、の四点はこれからの研究をすすめてゆく我々にも、そのまま継承されねばならないだろう。因みに、国民的歴史学運動の拠点となった当時の民科歴史部会は今日の歴史科学協議会（歴科協と略す）の前身であり、この歴科協の奈良県地域組織として民科奈良支部の精神をうけついだ活動をてんかいしているのが、次に述べる奈良歴史研究会（奈良女子大学内）である。

さて、奈歴研の具体的な活動であるが、これには鬼頭清明氏の総括があるので、[5]まずそれに依拠して述べることにする。

鬼頭氏によれば、奈歴研が正式に歴科協の参加団体として認められたのは、一九七〇年の歴科協大会のことであり、その前身とするものは、県下の歴史教育者、研究者、学生を中心として活動を続けてきた奈良歴史懇談会だそうである。この懇談会は一九六七年に、かの悪名高い「建国記念の日」なるものが強行「制定」された際、同年二月一一日に県下で開かれた「『紀元節』復活に反対する奈良県民集会」のとりくみの中で生まれたもので、政府独占資本の反動思想攻勢に対決するために、正しい歴史認識をつかみ、日常の実践とむすびつけていかなければならない、という切実な要請から設立されたものと言われている。

そして、この点に関しては奈歴研となっても変わりないとされ、政府自民党の反動攻勢の思想的強化と、それに対するたたかいの展開がすすんでくるにつれて、奈良だけで孤軍奮闘しているだけではいけないということから、七〇年に奈歴研として歴科協に参加することになった。

字数の関係で詳しくふれることはできないが、歴科協の地域組織となった後は、だいたい不定期刊の「奈良歴史通信」の発行、それに例会の開催を中心としての県下の文化財問題のとりくみ、さらに「『紀元節』復活に反対する県民集会」への参加などに、会活動は集約されるといって良いだろう。

ただ、奈歴研の最も無責任な会員の一人として、若干の会活動への要望を示せば、①とくに文化財問題などは、会員との組織的かつ恒常的な連絡をとらねばならないのに全くそれがなされていないこと。②機関誌の発行を軽視もしくは無視しすぎていて、それを積極的な武器にされていないこと。③例会も「別に行っても行かなくても同じ」という感があるらしく、会活動全般での例会の位置づけがはっきりしない、という三点があげられうる。

とくに③であるが、七四年一二月一日の例会を皮切りに会員外にも例会参加を、新聞等を通じて呼びかけることになり、広く市民が例会に参加してくる段階になると、下手をすれば奈歴研活動と歴科協綱領との不均衡が生じることは目に見えており、村田修三氏が私に対して批判されていたように、地方史の成果に学んでゆくべきところが、逆に地方史の興味本位的、秩序史観的な悪い面に踊らされる結果を招きかねないとも限らない。私が「地方史に学ぶ」といったのは、何も地方史家を会員にせよという意味でいったのではなく、「科学運動を真に地域に根ざしたものにするためには、地域を支配する地方史の現状を認識すべきだ」という位のつもりだったのだが、村田氏の言われる如き混乱を招かないためにも、この問題の具体化は早急に望まれて然るべきであろう。

また、それに関連して、奈歴研の標榜する「地域に根ざす」という言葉にも頗る疑問がある。これは私自身も過去において混同していたので、ここでその反省をも含めて述べることにするが、どうも奈歴研の主張する「地域に根ざす」という意味は、「科学的歴史学に基く奈良地域を対象とする研究」のことを指すらしくて、本来その意味すべき「地域の大衆の現実に学び、その積極的な歴史への要求に科学的に応えてゆく」というところから相当かけ離れているといわなければならない。

ところで、県下の近現代史研究の位置づけ、とくに科学運動の中で育くまれた近現代史の眺望ということになると、私はその能力に決定的に欠け、鈴木良氏の概括[6]に委ねるしかないようだが、再び標題の「生駒地方史」という立場に戻り、生駒地方にある程度直接に関係する文献を羅列して、この場は宥恕していただくことにしたい。

その中で先ず最初に掲ぐべきは、何よりも『生駒市誌第二巻』の刊行であろう。

冒頭でもふれたように、第一巻の批判点を反省してある程度「市民のための地方史とは何か」を追及した第二巻は、生駒地方史研究の一大業績と評して差支えない。

そのなかで、生駒近代史最大の関心事と言うべき、北倭小作人組合などの社会運動史的問題を意識的に避けているような致命的欠陥はあるものの[7]第一巻で私が批判した大まかなところは市誌第二巻を以て一応答えてくれた。続いて編集委は第三巻を編集中であり、この第三巻においては市民の広い投稿を収録するという積極性を示しているのが注目され[8]、刊行に際しては、おそらく県下の市町村史の在り方に一石を投ずることになろう。

第二巻自身としても近代史軽視・無視が常識の、県下の市町村史の中では、きわめて異色といって良く、永島福太郎氏が「戦後の地方史研究の全容を尽して遺漏のない」『奈良県地方史研究の現状』[9]において、近現代史に何も言うべき言葉を持たなかったことからしても、県下の市町村史に対する一大問題提起をなしているといえる。その他で特筆すべき動向としては、佐々木隆爾氏が『奈良県水平運動史』の書評[10]を書かれ、奈良県母親大会連絡会が『私の戦争体験』を編集し、さらに県歴教協が『私たちの奈良県』（大和タイムス刊）を編集されたほか、『大和百年の歩み』（全三巻）が完結したことも書き留めておく。また、近代史の不振を穴埋めすべきものとして、各校の校史があるが、永島福太郎氏の積極的な提言[11]にも拘らず、これらの校史はいったいに夜郎自大的な他愛もないものが多く、ことに上級学校の校史ほどこの傾向が強いのは歴史教育の面からも惜しまれるべきものである。

註
①家永三郎『太平洋戦争』P二三九
②遠山茂樹『戦後の歴史学と歴史意識』の第二章第六編に総括がある
③中村哲「現代歴史学の方法と課題」『歴史評論』二七三号
④浜田博生「国民的歴史学運動の私とその後」『歴史評論』二六七号
⑤鬼頭清明「奈良歴史研究会」『歴史評論』二六二号
⑥『奈良県水平運動史』のあとがき
⑦拙稿「市誌第二巻ノート③——民主的地方学のために」参考
⑧生駒市広報一六四号
⑨永島福太郎「奈良県」『地方史研究の現状』第二巻　P二六七~P二七五
⑩『歴史評論』二九四号
⑪永島前掲論文　P二七二~三参考

七

今日的意味での「文化財問題」の起源は、我々の想像に反して割合古くまでさかのぼるけれども[1]、今日のそれは以前とは比較にならない程、寸分の猶予も許さぬ危急事であることは、すでに国民的常識の域に入っている[2]。「文化財問題」は戦後一貫してつづけられてきた政府独占資本の「経済政策」の決定的破綻として考えねばならないことは勿論であるが[3]、仮りに以前の「文化財問題」を文化財の「場面的危機」とでも呼ぶならば、今日のそれは文化財の「全般的危機」とでも称すべき段階に入ったことも認識すべきであろう。例えば文化庁自身が認めていた筈[4]の「文化財は国民全体のもの」という抜きさしならぬ根本原則が、対自治体闘争のなかで洗い直されるという新事態[5]も発生しており、いよいよもって「文化財の危機」は進展しつつあるといってよい。いずれにせよ、科学的展望を何ら踏まえぬ「感傷論」が、犬養考氏やそのエピゴーネンの姿を見る迄もなく、単なる机上の空論となるばかりか独占資本の番兵イデオロギーの役割しか果さぬことは明白であって、一方では文化財を通じての正しい歴史認識の形成・普及が急がれることも、今日的意義のひとつに数えなければならない。

文化財の「保護」は、文化財の正しい歴史的意義を知り、「歴史」に装いをこらした政府の反動思想攻勢に立ち向うなかで、正しい歴史認識・地域認識をかちとってこそ真の意味があるといえよう。文化財「保護」が単なる学術上の価値にのみ存在するのでなく、広い国民の歴史認識の形成にあることは、政府も別の立場から認めていることである。

ところで生駒地方における文化財危機の顕在化は、住宅建設・造成を通じて相当深刻なものがあり、かねてより住民の間から保護の訴えがなされていたが、最近の目ぼしい動きとして生駒郷土研究会の再建をあげておきたい。この会は、以前里村心照氏が中心となって、市内の見学会などを催され、その後立ち消えとなっていたもので、事態の深刻化に及んで文化財問題を主軸に、生駒新聞社が提唱してついに再建にふみきられたものである。

当面の動きとしては、市当局に文化財保護条例の徹底化をはたらきかけ、また独自の会活動としては、現地見学会や会報の発行など多面的な活動を展開する予定で、広い市民層の組織化を最終目標としている。

ところで、文化財のみならず住民環境の全ての面での危機が叫ばれる急迫した問題の一つに国道三〇八号バイパス（第二阪奈）建設反対運動がある。この第二阪奈コンセプションは、大阪府の築港―深江線を延長して生駒山に五キロメートルのトンネルを貫通させ、国定公園内を通って矢田丘陵を乗越え、さらに結核病院である国立奈良病院の横を通り、大安寺遺構を破壊し、薬師寺南の「西の京歴史的風土保存地区」を横断して奈良市桂木団地に至る、という行政当局がいかに住民の利害を考えていないかを示す近年稀にみる計画で、計画を公にするや否や、沿線住民の殆んど全てが反対運動に起ち上ったのは全く言う迄もない。[⑥] この反対運動の高まりは、折りも折り、計画の詳細が公表された直後に、奈良県史上初の光化学スモッグが発生したためでもあるが、環境保全が叫ばれる中で、これほど無謀かつ無神経な計画は全国的にも珍らしいのではなかろうか。

また反対運動に起ち上ったのは地元住民だけでなく、多くの学者・文化人・学会も反対の意志を明らかにし、第六章でふれた奈良歴史研究会も署名闘争を展開した。

生駒地方では、生駒市一分町の伊藤一一氏を中心に「第二阪奈建設に反対する生駒市民の会」が結成され、反対署名を広く市民に訴えたが、集まった署名は微かに一〇四〇名であった。

このように全国的な反対闘争の高まりをうけて、県当局もさすがに当初の計画を撤回せざるをえなくなったが、生駒地区を皮切りに強制執行の構えを示しており、事態が悪化すれば第二阪奈建設を拒否する場合もあるという生駒市長の発言⑦に反して、油断のできない状況となっている。

（完）

註

①芳賀登『地方史の思想』第九章参照

②この種の問題を論じた本は極めて多く、他ならぬ文化庁の『文化財保護の現状と問題』（一九七〇年）ですら前向きの姿勢で論じている。その他、日本考古学協会『埋蔵文化財白書』、文化財保護全国協議会『文化遺産の危機と保存運動』をはじめ枚挙にいとまがないほどである。

③敗戦直後にすでに問題が顕在化していたことは蔵原惟人「民族の伝統と民族の文化」（『共産主義と文化』所収）などによって知られる。この時期にただ一人・日本共産党が「文化財問題」に本質的な政策を明確にしていたことは高く評価されなければならない。また、現在でも、自民党が文化財政策を何ら示せないのに反して、日本共産党がこの問題に積極的に取り組んでいるのは、次代の日本を背負う民族と国民の政党として、さすがの感がある。

④本章註②をみよ。

⑤中野正志「全国的な遺跡破壊の歯止めとして」『朝日ジャーナル』七四年一一月八日号）

⑥奈良だけでなく大阪府でも反対運動が起っている。『朝日新聞』大阪版七三年一月二〇日付

⑦『朝日新聞』七四年二月二二日付

（一九七四・一二・一六稿）

論争以後十五年

小島　亮

「生駒市誌論争」——今からちょうど十五年前に本紙上で闘わされたこの論争を知る人も殆んどいなくなったに相違あるまい。

奈良県の地方史界初の本格的論戦と一般紙も報道し約半年にわたって平和な生駒谷を揺り動かしたこの中規模台風は、もはや、それ自身、歴史の一コマと化した観がある。おそらく生駒地方史研究を志す新世代の学究によって、後世、本格的な評価がなされ得る日が来るものと思われる。

この論争の急先鋒は私だったのであるが、当時、やや過激な無遠慮かつ無謀な筆法で、強引な主張を敢えてする小島なる人物について、さまざまな風評が立ったものである。

しかし、実は、当時私は弱冠十五歳の高校一年生に過ぎなかったのであった。

あれから十五年の星霜を閲し、非才極まる私も、歴史学者として、ようやく自己流の方法と文体をつかむ契機を発見しつつあろうかという年齢に達した。

私の専門も、今は国際関係史の如き分野になり、地方史研究との縁はなくなってしまったが、折りにふれては、あの若き日々を懐しく思い起す。以下、回想記風に、気のついたことどもを摘記してみよう。

まず、あの論争は、私の力量不足と狭見により非生産的な収束をしたにせよ、生駒の戦後近代化過程の中で必然的な根拠を持っていたということである。

一九七〇年代前半の生駒といえば、生駒台、南生駒東生駒地区の急激な宅地造成による社会変動にもまれながらも、まだ伝統的なコミュニティーは健在であった。例えば、市議会議員などは、他市に見られぬ個性的な人もいたものの、全て旧い名望家出身者で、新住民の議席はゼロだったのではなかろうか。

つまり、あの時期は、事実上生駒の近代的変貌を見ながらも、まだ、それに照応する地域的文化生活の組み替えが進展していなかったという時点だったのである。そして、あの論争こそ戦後生駒の文化的断絶または過渡を象徴し、それを克服しようと試みた行為だったと——やや好都合に解すれば——見られるのである。

ところで、あの論争をまきおこす嚆矢となった拙稿「生駒市誌批判へのプロローグ」を執筆したのは、直接には、少し前に公刊されたばかりの芳賀登氏『地方史の思想』（NHKブックス）を読んで大いに影響を受けたためであった。

新住民の一人に過ぎぬ高校生が「地方史」を読んで「地方史」批判の論陣を張る——この一見奇異に映る逆説の所以は、慮るに、次の理由によって諒解されよう。当時、「地方」や「底辺」などが一種の知的モードとなっていたのは、高度成長に伴う社会矛盾が広汎に露見されながら、成長論的思考の代案が見い出されぬゆえの知的半措定といった性格のためだろう。私の地方史への興味も、かかるマクロ・レベルの知的状況の微少領域での一具体例に他ならないものであった。

しかし、「地方」「底辺」など、旧来マイナス記号で表示されてきたものへの過度の偏愛は、実のところ、心底まで都市化されてしまった現代人の淡い幻影に過ぎないのであった。むろん私のケースも然りであって、自己流に統合されたつもりの「地方」は、考えてみれば、幼稚ながらも、妙にコスモポリタンな相貌を持っていたのである。

かくて、歴史の由緒を示すランドマークに富む生駒にやってきて、理想主義的「地方」観をふくらませつつあった若輩は、『生駒市誌』第一巻を手にとるや、その非普遍的郷土主義を即座に看取し、やにわに批判の矢を放つ責務を感じたのであった。私の筆法を旧論敵・藤本寅雄氏が「ナガスネヒコが神武に放逐されてゆく」姿にアナロジーを求められたのは、宜なる哉であった。

さて急進的改革者気どりの文体と拙劣な論理は、今の私から見ても鼻持ちのならぬものながら、論争は、多くの知名士と出会うきっかけを作った点において、私にはまことに有益な経験となった。青二才の駄文を時に第一面を提供してまでノーカットで掲載された西本喜一社主には全く感謝を表わす言葉を持たない。また、今日も、現役学究として健筆を奮われる山崎清吉先生、そして、無比の美文家有涯・吉田伊佐夫氏、ただ一度の出会いながら印象深い故・中田庄一氏など、これら有意の士の労作は今も座右にあって、常に参照を怠らぬ逸品である。

石の大鳥居も撤去され、すっかり風景の変わってしまった生駒の街では、おそらく、今の私より遙かに若い新文化の担い手が登場し精力的な活動を続けられているに違いない。そうした新しい息吹きに接し得る日を心待ちにしつつ、擱筆させていただくことにしよう。

社務所の赤絨毯――山崎清吉先生の思い出

小島　亮

一九七三年七月一五日。夕方六時ころ、猛暑の中を数キロの道程を歩いてきた私は、近鉄富雄駅の便所の鏡に写る己が自身の姿を見て苦笑していた。道中、体感していた滝のように流れていた汗は、シャツもズボンをも貫徹して、文字通りの濡れ鼠に化けていたばかりか、乾湿を織り込んで奇妙奇天烈な図柄さえ描いているではないか。先程から、すれ違う人々の訝しげな視線を感じてはいたけれど、かくも滑稽な姿を曝していたとは予想すらつかなかった。

当時の私は高校二年生。受験勉強を一切拒否した私は、学校では確信犯的な劣等生であったものの、恰も自己の存在証明のように熱心に取り組んでいたことがあった。『生駒新聞』という旬刊地方史へのエッセイの執筆である。

前年一一月、生駒駅前の大鳥居撤去に反対した小論「周辺環境を考えろ」を嚆矢に放つや、私はたちまち紙面に踊る自分の名前を眩《まぶ》しく眺める美酒に酔いしれた。調子に乗って、独学で熱中していた地方史を寸評したくなり、翌年の一月二〇日号に「生駒市誌批判へのプロローグ」と題した一文を蛮勇に任せて寄稿した。紙面一ページを埋めたこの原稿こそ、図らずも「生駒市誌論争」と後に呼ばれる騒ぎを巻き起こす誘い水となったのであった。

この論には、すぐさま生駒市誌編纂委員会は反論を寄せた。私が依怙地《いこじ》に反撃するや、委員会は『生駒市広報』でも再反論し、地元名士が「無条件休戦」を提案して一段落着くまで、およそ一年間、生駒市誕生以来の騒動となったのであった。当時の『大和タイムス』や全国紙地方版も記事を載せ、「奈良県地方史研究史上、両陣営に分かれて論戦が闘われたのは初めてである」と特筆された記憶も新しい。

この論争について、私は、直後に「生駒地方史研究覚え書下」（『河内文化』一七号）と題した論点整理と、かなり後になって追想した「論争以後十五年」（本書所収）を執筆しているので、ここでは詳細に立ち入らないでおく。

要点は、私の幼稚な急進人民史観・対・委員会側の旧式「郷土史研究」方法論の闘争に概括でき、とりわけ私の側の論点には新味はない。ほとんど全ての議論は、以上の陳腐な対立項に還元できる領域の狭いもので、従って、論争は何かの「成果」を生みはしなかったのであるが、今日から見て、次の点だけは指摘しておかねばなるまい。奈良県下の市町村史・誌は、他府県と異なって、学界人による「地方史編集団」（永島福太郎「奈良県」、日本歴史学会『地方史研究の現状II』所収）の手によって編集されていた。この水準は極めて高く、学問的な手続きを経たルーティンを世に送り出していた反面、地元の研究家の関わりを排除する結果となっていた。かかる状況に敢えて異を唱え、生駒は地元関係者だけで『生駒市誌』の編纂を行ない、その意気やよしとすべきには違いなかった。ところが、第一巻を見る限り、戦前の郷土史をそっくり復元したような仕立てになっていて、大和の民間史学最良の遺産を継承しているとは言いがたく、「保守反動」の風貌を備えてしまっていた。

これこそ、六〇年代末以来の反近代主義を受け継いだ芳賀登氏らの地方史再認論（『地方史の思想』、『民衆史の創造』など）と俗流マルクス主義の双方の影響を蒙っていた私の二重に『生駒市誌』を気に食わなかった理由であった。ともあれ、個々の論点は凡俗かつ不毛であったとしても、激烈な論戦の勃発自体が何よりも「大事件」と言え、確かに、移り変わる生駒を映し出す一つのエピソードを提供したのではあった。

冒頭に記した日付に戻ることにしよう。かくて、一九七三年の夏といえば、「生駒市誌論争」の激戦真最中であり、汗塗《まみ》れの体で富雄駅に辿り着いた私は、この日、高名な地方史家・山崎清吉先生を訪ねての帰途だったのである。

山崎先生の名は『生駒新聞』に長期連載され、後に同人誌『風土』特集号として刊行された労作『高山地名考』を通じて中学生時代から知っていたし、手紙を書いて、それを購入していたのだった。「生駒市誌論争」の始まる直前には、一度、私は、先生の奉職される高山八幡宮社務所を訪れ、『高山茶筅考』と随筆集『春の車』を入手してもいた。その時は、あいにく先生はお留守で、私は奥様より本をいただいたのであった。

七月一五日、事実上、学校の夏休みが始まっていた開放感のせいであろうか。ふと思い立って、一〇時頃に山崎先生にいきなり電話をかけてみた。勿論、それ迄お会いしたことも話したこともないから、全くの唐突だったわけである。先生は、「あっ、小島さんか。今日来て下さって結構ですよ」と応えられ、私は喜び勇んで高山に出かけて行ったのである。

富雄駅からバスに乗り継いで半時間ほど、玉砂利を踏んで高山八幡宮の社務所に伺うと、小一時間ほどのうちに、吉田有涯（伊佐夫）氏や中田庄一氏など、高山在住の『生駒新聞』論客もお見えになり、高校生の私は、かつて経験したことのない「座談の醍醐味」を堪能させていただいたのだった。「談論風発」とはかくあるものか。先生の出される茶も素晴らしく、わずかに女性的な声に乗った奇にして妙なる論脈は容易に方向を予期させない。話題は、市誌論争から茶筅史を経て日本古典へ、新たに発見された地元の絵馬から研究家誰彼の消息に至るまで尽きることはなかった。やがて、中田氏の提案で、近くの寺を散策がてら訪ねることになり、歴史と文学を語らいながら時間を忘れきった至福の一時を過ごしたのであった。私は感動を抑えることが出来なかった。思えば、子供同士の付き合いしかなかった私にとって、この出会いは、初めての「大人の会話」であり、しかも私自身がその一員なのだった。

私は、興奮の余り、バスを待ついらだたしさを我慢することすら難しかった。こうして、高山から富雄駅まで数キロの道程を、汗だくになりながら歩いて帰ったのである。

「談論」の内容を何度も復奏しながら歩く私を何台ものバスが砂煙を浴びせて通り過ぎていった。

（この高山会合の参会者のうち、中田庄一氏は、その直後に不慮の死を遂げられ、私は二度とお目にかかる光栄に浴さなかったのである。)

高校時代の残りの一年半を通じて、おそらく一〇回余りも私は高山にお邪魔したであろうか。

格別の要件などあったわけではない。社務所の赤絨毯の部屋に胡坐《あぐら》をかき、先生の話を拝聴するだけである。時には私が雑誌や本の話を切り出すこともあり、一方、来客の折りには、私は先生と客人との間に交わされる絶妙な話術を静かに聞き入った。この時期、嵯峨崎司朗氏が『大和・奈良かくれ古寺巡礼』や平凡社の『別冊・太陽』の『茶』特輯号で先生を紹介し、内山一元氏も『茶筌博物誌』の取材に高山を来訪されたりして、先生の周辺は慌しく、赤絨毯に通されるたびに新しい話題が待ち構えていた。表千家の『茶道雑誌』にも長年の茶筅史研究の成果を連載され、先生の名は俄に全国に轟いたのもこの頃であった。七〇年代初頭には珍しく、先生は一カ月近い欧州旅行を敢行されたこともあったし、地方史関係でも、その後単行本となる読売新聞大阪本社の『国境物語』のような斬新な試みも行われ、話題に事欠かなかった。

先生は月刊誌『流動』を愛読されていた側面もお持ちで、私のような若輩の極論にも余裕を持って応じられた。ある日、私は何かの文献目録で徳島の三好昭一郎氏の「阿波藩における茶筅について」という論文を発見したことがあった。結果的には、この「茶筅」は被差別民の「茶筅髪」の謂いであったけれど、驚くなかれ、先生は三好氏の論文を掲載した徳島の雑誌を特注され即座に入手されていたのであった。

それにしてもどんな書であろうとも、先生の部屋の置かれると、途端に詩情を帯びた蠱惑的な約束と化すのは如何ばかりの魔術であったのか。ずっと後にハーヴァード大学燕京図書館で江藤淳氏の『夜の紅茶』を読みながら、かつて同書が先生の書架に鎮座していたのを思い出し、私は涙を殺しながらも至福の時間を過ごしたこともあった。

山崎先生の学問は、その著作から理解出来るように、極めて合理的な古代、中世史解釈を真骨頂とし、一切の神話化を許さない覚めた目で歴史のドラマを捉えるものであった。

先生の主要業績たる高山茶筅の研究について、詳しい内容を紹介する能力を私は持たないものの、いわゆる「郷土自慢」とは縁のない実証性に地元は不満たらたらだとよく聞いたものだった。「実証主義者」として先生の学風を規定すると、『春の車』に代表されるロマン主義文学者の部分と、若き日、『萬朝報』紙上でマルキシスト相手に「精神世界の実在性」について論争された過剰性を看過しそうになるけれど、これらは実証主義者たるの精神といかなる矛盾も起こさない。

神職に在られた先生から、私が宗教的な話を伺ったのはたったの一回だけである。

それは、ある客人との次のような問答の中であったと記憶する。客人の高山八幡宮の神についての質問に対して、先生は次のように答えられたのであった。

「高山の神様はこわいと思います。いつか、断酒の誓いを立てた男がいて、その誓約を破ったせいか、九州で死体になって発見されたことがあります。これ以来、私は、高山の神様に滅多な誓いをしないように人に言っています」。

一度松の内に先生を訪ねたこともあった。考えてみれば、正月に八幡宮の宮司を訪問するのも傍若無人ながら、それをよしとされた先生も先生ではあった。赤絨毯の上で村の新年の寄り合いが始まり、どうしたはずみか、村の重鎮を殴り飛ばす騒動に発展した。ややあって、加害者の奥さんは子供を伴って、平身低頭、謝りに来られたのである。山崎先生は、こんな場合は、沈着した平衡感覚と保守主義の知恵を遺憾なく発揮され、寛容の精神をもって、上手く面倒を処理されたものであった。

先生の煎茶の味は、四半世紀以上たった今でさえはっきりと覚えている。天衣無縫の自己流で淹れられたあと、ご自身は決まって一献を傾けられ、時としてそれはブランデーの日もあった。

先生の文体は、まさしく上煎の深い味わいを持ち、熟読に耐える修辞を私は「祝詞の文体」と密かに呼んで愛でている。『春の車』に収められた随筆はその真骨頂で、中世歌物語を想起させる短歌と散文との織りなす交錯、軍記物語に頻出する「さるほどに」という特徴的な接続詞の多用、博覧強記と文人趣味の中に光る意外に醒めた眼差しは、おそらく反時代的であっても決して傲慢ではない独創を形成する。

私は今でもその数篇を記憶し、わけても「青衣《しょうえ》の女人」は、大好きな作品である。

東大寺のお水取りに、過去帳を読み上げる行事があって、人名録中に「青衣の女人」なる謎の人物が七七〇年頃から忽然と登場するのである。井沢元彦氏ならば、これだけで不気味なミステリー大作を書いてしまいそうな話である。山崎先生の解釈は合理主義者の面目躍如たるもので、要するに、暗誦僧がうっかり名前を忘れた刹那、脳裏に仄かな夢の女性が去来し、「青衣の女人」なる名前を「つい言ってしまった」とするものであった。結論部分は、原文から先生の文章の醍醐味を直接満喫してほしい。

「お水取り五回もの経験僧にどうして誤誦などあろうはずはない。しかし軍律の厳しいなか、不動の姿勢のままで、立睡の出来る悧巧者もある、とか。二時間半にも及ぶ過去帳口誦中には、ゆくりなき緊張緩和も、生まれようというもの。この救い……それが仏心の慈悲であろう。そこに菩提心が生まれて、青衣女人のロマンとなった、と勘ぐることのよしあし、仏者の教示が得たい」。

「葛の浦風」に記された杉田定一氏との交遊録も絶妙であった。

杉田氏は、「正長元年より先は神戸四官郷に負い目あるべからず」という正長の徳政宣言を発見した著名な地方史家である。この柳生の疱瘡地蔵の刻印は南条範夫『暴力の日本史』に紹介されてから人口に膾炙《かいしゃ》し、昨今は高校日本史教科書にも写真掲載されているらしい。

その杉田氏はある日、山崎先生を突然訪問されたのである。二人の話は『続日本紀』に及び、山崎先生は疱瘡流行についての『続紀』の記事を杉田氏に教示された。帰宅後『続紀』を紐解かれた杉田氏は、感謝方々「見も知らぬ　人の情けに教えられ　いにしえぶみを　くり返し読む」という歌を山崎先生に贈られるのである。まるで物語文学の世界ではないか！

思うに、大和に自由知識人の本領を発揮していた英雄時代、すなわち高田十郎や笹谷良造らと『大和志』

の残り香を高山の赤絨毯は漂わせていたのだろうか。旬日ならずして大和は風景を塗り潰し、六八年に『ほろびゆく大和』を書いた寺尾勇氏の予想は不幸にも的中し、果たして、地霊もろとも根生いの知識人たちも死に絶えた。七〇年代初頭に『大和文化研究』の挫折後、山崎先生を含めた旧世代の兵《つわもの》たちは『奈良県観光新聞』に最後の砦を構えるも、これもやがて討ち死にをする運命にあった。先生の最晩年に知己を得た吉田氏や私にとっては推察の域ながら、先生は内面の孤独に耐えておられたのではないか。奇しくも島崎藤村の「晩春の別離」から標題を取った『春の車』は死者たちへの愛惜の書に他ならないのだ。

大学に入学し、京都に住むようになってから、自然に私は先生から疎遠になってしまった。私はマルクス主義歴史学の徒となって花鳥風月の世界を離れ、先生の学恩に全く応えられなかった。唯一の報恩は大学二年の秋、かつて私が県立奈良図書館で三〇〇ページほどの写本を作った『生駒郡北倭村風物誌調』を製本して吉田氏を通じて贈呈し、非常に喜んでいただいたことであった。しばらく『生駒新聞』に文章を書いていなかった私のために、先生は写本の礼に並べて、私の近況紹介を同紙に執筆されたのであった。

山崎先生と最後にお会いしたのは、一九八五・六年か、日本を離れる少し前であったろうか。この時期、東京住まいも与って、高齢の先生にすっかり御無沙汰していたため、私についてのご記憶も余り定かでなく少し寂しく感じた。一九九一年に一旦トランジット旅客として帰国した折りも、吉田氏を高山に訪問したものの、先生のご健康が優れないとあって、私は敢えてお邪魔しなかったのであった。

さて、わが青春の一部であった『生駒新聞』に、私はハンガリー在住時代から再びエッセイを出すようになり、約二〇年ぶりに執筆陣に復帰したのだった。

急死の寸前まで論文を書いていた地方史家を追悼した連載「ある大和史観」（本書所収）は、私の『生駒新聞』への最後の寄稿となってしまった。一九九二年一〇月二〇日号を以て、社主・西本喜一氏の健康悪化により、同紙は廃刊されたからである。

私の青春の証明は、この日に同時に死に絶えたのであった。そして、『生駒新聞』最終号の最終ページは、先駆的地方史家・高山八幡宮宮司・山崎清吉の逝去を伝える記事を載せていたのだった。

山崎清吉先生と私
—折々の日誌の残欠・断簡から—

吉田伊佐夫

1901（明治34）年

3月29日生

市岡高校を卒業し、関西大学に入学、卒業後朝日新聞の記者になり、脚気で帰郷。神宮皇學館に入学し直して卒業。旧姓、山本。

＊孫娘さんよりの教示

1929（昭和4）年?

県神職検定?に合格　生國魂神社に奉職

1932（昭和7）年

高山八幡神社宮司着任（昭和８年打診され、翌9年赴任とも—後年の思い出話による）

1935（昭和10）年

6月1日　『大阪毎日新聞』奈良版「外人学徒が国宝的建物を発見　北倭村社高山八幡宮　京都大学天沼博士も折紙

京都市上賀茂在住の香港大学教授、ボンソン・B・リチャード氏、日本の神社研究10年。自家用車で橿原神宮参拝の途次、道を誤って高山へ出る。八幡宮で山崎宮司から縁起質す。草深い田舎のお宮の社殿等が立派な国宝的建物であることを指摘、宮座の形式が妻入りとなり原始的なもので、社殿、拝殿も粗野なうちに崇高味漂っている。帰洛後、友人の京大教授天沼俊一博士に話す。6月11日に再調査する。かねがね文献等研究中の若き神官山崎氏、大いに喜ぶ

（翌6月2日付『大阪朝日新聞』奈良版にも同趣旨の記事。すでに土地で

は高山八幡宮と呼ばれていたらしい)
『大阪毎日新聞』奈良版6月11日「国宝価値の調査直前　大般若経を発見370巻　黒塗り桐箱37個に」
拝殿内で発見。虫害を受けているが鎌倉時代であることは明らか。奥書は元亨元(1321)年辛酉卯月大和国添上郡大安寺八幡宮○○仏弟子より献上」「文永6(1269)年々々」とある。(高山八幡宮の貴重資料)
『大阪毎日新聞』奈良版6月15日(翌16日総合版にも)「藤原以上弘仁時代の優雅な神功皇后像　リチャード氏のお手柄か」
調査で続々現れる国宝的存在。天沼博士等高山八幡宮へ。14日には薬師寺の橋本凝胤師らも来村。法楽寺で調査。僧形八幡神功皇后像、左黒焦げ
(『大阪朝日新聞』奈良版同日付同趣旨の記事)
『大阪朝日新聞』奈良版 7月16日 「棟札32枚発見」
高田十郎氏「全く何のためにつくったものか判らず、今までこんなもの見たことがありません」

1936(昭和11)年
9月22日『大阪毎日新聞』総合版 「大和皿谷地内から土器の破片発掘　山崎八幡宮社掌が『瓦窯址らしい形跡』」
北倭村大字北田原領林巳之松氏所有の俗称皿谷地内で土器片数十個
＊以上、先生保存の新聞記事のあらまし筆記

1940(昭和15)年
内務省の聖地研修会に参加、九州、熊野、伊勢20日間の巡拝
8月『随想録　古代日向ぢの旅』刊行
＊以下、吉田との交友が始まるまでの空白は「山崎清吉著作目録」を参照

1963(昭和38)年
6月25日　先生、隅田八幡神社の寺本宮司と高野山中に蜩の鳴くを聞く。高野山の思い出はよく話された

1964（昭和39）年
『生駒新聞』1月10日号に吉田1.10「新春俳句抄」初投稿

1965（昭和40）年
春、吉田産経新聞社入社

1968（昭和43）年
この年の秋、吉田と山崎先生との交流始まる

1969（昭和44）年
4月20日　快晴　高山八幡宮で第1回生駒町郷土研究会が開催される。山崎先生から八幡宮の由来などの講話あり。午後4時散会。この日、生駒郷土研究会の設立決まる。これが10年後発足した生駒民俗会の源流になったとみられる。散会のあと山崎先生、里村心照さん（長弓寺宝光院住職）、高山在住で生駒新聞の老記者影林利信さんと4人で飲み交わす。里村師は某会社の労組書記長、身障者父兄の会会長、この日発足の生駒郷土研の高山地区世話人も兼ねる
＊吉田「二人の文人」（生駒民俗会20周年記念誌『ふるさと生駒』所収　平成11（1999）年刊）参照
9月23日　先生の郷土資料『高山の茶筅小誌』刷り上がる
11月2日　高山八幡宮で吉田長女の宮参り。先生の御祓い　そのあと神殿内見学
11月9日　先生に父の還暦記念冊子「浮世床」への寄稿依頼
12月1日　『浮世床』出来上がる。先生の「春のあした」小磯仁の学生時代の詩「逢会」と留学先から送ってくれた「ドイツ通信」など
12月30日　夜7時先生訪問。「二人だけの忘年会をやりますか」と先生。1月11日の氏子成年記念の京都・大徳寺行にお誘い。昭和38年ごろの生駒紙掲載「春の車」拝読。春の女神佐保姫の乗った車という

1970（昭和45）年
1月4日　社務所に年始、約4時間。素焼きの杯と郷土資料『高山考古

録』拝受
『生駒新聞』に吉田1.10「美しい籠」3.25「不言の花」9.10「つつが・なきや」、その後1991（平成3）年まで約30本寄稿
1月11日　氏子子弟の成人式祝いで石清水八幡宮、大徳寺真珠庵行に同行
2月8日　旧著『古代日向ぢの旅』『日本主義理論の検覈』拝受
2月22日　社務所で野口省吾さんの紹介あり。原田敏明教授のお弟子さんとかで「宮座の研究」をされている
『生駒新聞』の西本主幹から生駒新聞用原稿用紙400枚届く
3月1日　雪降る。社務所で過ごす。桃李不言自成蹊　桃李の装い　桃李門に満つ
7月12日　高山の芳竹園久保喜太郎邸で郷土研究会例会あり、父によると芳竹園から再三のお誘いあり。西本氏からも有涯（この頃しゃれて称していた雅号のつもり）の消息を尋ねられたらしい。先生にもしばらくお会いしていない（高山から7月初めに市内東松ヶ丘へ転居）
8月2日　先生訪問。「宮座」の野口省吾氏も来合わせる。先生から「公慶上人年譜聚英」借覧。東大寺発行、堀池春峰著、公慶没後250年記念刊行
※9月11日　有涯堂吉田宛　山崎神主　『生駒新聞』昭和38年10月10日号に掲載の先生の「恙なきや」全文再録送ってくださる
10月22日　有涯堂吉田宛　10―22　高山の宮居の司　山崎神主　桂離宮、修学院離宮へのご案内、11月18日（水）の予約をとって下さる
11月15日　先生訪問。桂離宮と修学院離宮拝観の許可証拝受。有職文化協会発行『桂離宮』アサヒグラフ『修学院離宮』借覧『石清水』第37号（先生の「筑紫のつと」掲載）、生駒紙掲載の旧作（昭和41年1月10日）「丙午雑談」切り抜き拝受
11月18日先生、吉田夫婦を桂離宮と修学院離宮へご案内。朝9時西大寺で落ち合う。9時15分発特急で京都へ。先生、駅でウイスキーを買い、一杯きゅっとあおり車で修学院へ。11時の組で寿月観―朱宮御所―客殿―楽只軒―隣雲亭―雄滝―楓橋―紅葉谷―西浜―比叡の山を背に上中下を松並木で結ぶ、17世紀中葉、徳川幕府の圧政を潔しとせず譲位した後水尾上皇の山荘

京都駅前の都ホテルレストランでコールドチキンの昼食、又車で西へ。桂離宮は午後３時組。西郊を流れる桂川の西岸、竹垣。創始は智仁親王（後陽成天皇の弟君八条宮）の2代目智忠。帰路雨。修学院と桂と仙洞御所（大宮御所）の三つの庭を見れば他の庭見る必要なしと先生

11月24日　先生より京都行のスナップ写真送付あり

＊11月25日白昼、三島由紀夫と楯の会同志、市ヶ谷の自衛隊官舎に乱入、三島と同志一人割腹自殺、３人逮捕

12月27日　午後先生訪問、雑誌『大美和』39、40号拝受

1971（昭和46）年

2月7日　生駒市中央公民館で郷土研究会。わが国指折りの刀剣収集家といわれる渡辺国武氏の秘蔵品を拝見。里村師、西本町議会議長とも久しぶり。高山からは久保喜太郎、久保正夫、影林利信氏らの顔も

4月4日　先生訪問。雑誌『風土』掲載の原稿「高山地名考」47枚拝受

＊5月25日　有涯堂吉田宛　写真在中（4点）

〈同人誌『風土』創刊号＝発行昭和46年＝掲載の「高山茶筅誌」用写真。ただ、この雑誌はタイプでミスプリ多く、第2号から山崎特輯に衣替えした『風土』第4号「新稿高山茶筅志」として書き改められる。本稿はのち修正を加えながら表千家の『茶道雑誌』＝昭和48年、薮内流の『竹風』＝昭和51年＝に掲載される〉

8月14日　『大和タイムス』に先生「こころ乍ら」この頃から生駒紙に加え『大和タイムス』（のち『奈良新聞』に改題）への寄稿始まる

8月15日　先生訪問、雑誌の題字「風土」、日展書道部審査員（評議員、近鉄会長だった佐伯勇氏の秘書でもあった）の甫田鵄川氏に頼んでくださる。鵄川氏の筆になる「風土」の書体12種収めた大封筒とともに保存。高山ご出身で先生とはご昵懇らしい。7、8年前奈良文化賞、九輪同人

8月27日　午後奈良に出かけ夜8時過ぎ帰宅、TVニュースで円為替の変動相場制移行を知る。すぐそのまま出勤、戦後の1＄360円時代終わる

8月29日　先生訪問、7月20日の丹生川上三社巡拝の話。以前杉田定一という人来社のこと。のち杉田氏からの書簡に、「見も知らぬ人の情け

に教えられいにしへ文を心して読む」 杉田氏は柳生の疱瘡地蔵の発見者で知られるが、続日本紀の疱瘡記事をご存知なく、先生が教えられたことへの礼状の歌だったらしい。その謙虚な情けに教えられ、私も古文を心して読んでいますと先生。『大和タイムス』に「葛の浦風」を送ったという。曰く、山中に暦日なしという悠々自適の日々だが、それでも旬はあり、縁先から見える葛の葉が裏返ると、秋のそよ風がきたということ、ミンミン蝉も鳴きはじめます
昭和5年先生執筆の「共同思惟の形式に於ける神道の特異性」拝借
9月12日　社務所訪問。『大和タイムス』8日付「心」欄に「葛の浦風」掲載。反響大。桜井市芝の郷土作家中西清三氏より感激の電話ありという。中西氏は同紙に小説「万葉物語」長期連載
9月15日　大阪で印刷中の『風土』創刊号ゲラ。先生の『高山茶筅誌』校正。資金的制約でタイプ印刷になったのは悔やまれる
10月4日　先生より『奈良県観光新聞』掲載「瑣瑣・些細」届く
10月23日　『風土』創刊号出来上がる。300部、ミスプリ多し
10月26日　来信『高山茶筅誌』30カ所の誤まり指摘、玉稿台無し
10月29日　来信　『風土』2号に「高山地名考」掲載許可あり。創刊号の失敗もあり、奈良で活版印刷に切り替え、同人誌ではなく吉田個人誌とし、先生の文業保存の特輯形式として出直す
11月3日　先生訪問　今月から生駒町が市制を敷く
11月8日　『生駒市誌』第1巻受け取り。2000円。西本主幹より『風土』の礼状と「生駒市になって」の原稿依頼あり
12月9日　『風土』2号出来上がる。山崎特輯「高山地名考」
12月12日　中田庄一氏、生駒市芸術協会発行の『あを』に『風土』を紹介。中田氏は生駒市制記念「生駒市を考える」で一般特選となる「二十年後の生駒」の著者
12月30日　先生訪問。秋篠在住の後藤春吉氏が、先生の「日矛こと問い」に触発され、10年前に刊行されたという『古事記の謎』が送られてきたという。借覧。古事記はスメル語とチュルケ語で書かれている、との副題付き、先生曰く「内容はどうあれ、野に学究の徒ありというわけですな」

1972（昭和47）年

1月2日　中田庄一氏より『風土』の礼電あり。併せて生駒紙1日号掲載の「春は霞の」のなかで中田さんのことを取り上げたことへの挨拶

1月5日　桜井の中西清三氏から雑誌の礼状、短歌雑誌『山の辺』（山の辺短歌会）同封。たしか歯科医の吉田宏氏主宰。中西氏は『万葉物語』「額田女王の巻」に続き「百済遷都の巻」刊行（いずれも『大和タイムス』連載）を堀書店から、『ここに人あり―岡田虎二郎の生涯』を春秋社から刊行される由

3月16日　西本主幹から書状、4月8日に新聞記者生活40周年パーティーを開くので、発起人の一人として出席をと

3月19日　久しぶりに先生訪問。宮参り、結婚式など重なり多忙。バレンタインの贈り物をいただく。奥様は慢性の胆嚢炎と神経痛、先生は喘息の趣があるが、気候良好なるによってまず体調はよしとのこと

4月5日　先生より冊子『石清水』送付あり。先生の「天の日矛・問わず語り」掲載

4月7日　先生より来電、明日の西本氏のパーティー、キミが行くなら私も行く

4月8日　土砂降り。奈良県文化会館小ホールで開かれた西本喜一氏の「新聞記者生活40年とあわせて古希を祝う会」に出席。先生はすでに来ておられる。受付に影林利信さん。1階喫茶でホットケーキ、紅茶。先生、秋の欧州旅行を明かされる

6月11日　午後先生訪問。チーズをアテにナポレオンダブルで4杯いただく。先生はしばらく飲めないらしい。午前中、祝詞をあげるなどの仕事が3件あり、ジョニ黒1本献納された由で先生ご機嫌

7月29日　先生と宇陀行。古市場の宇太水分神社禰宜で神主息の三家一彦氏の歓待受ける。さらに大野を回り室生寺へ。先生顔見知りの伊藤教和執事不在、たまたま来合わせた室生山林400町歩の管理人という奥本幸一郎さんと大野寺住職のはからいで秘蔵の「茶臼」と茶室を拝見。鎌倉期のもので、近隣仏隆寺の茶臼と並び最古の茶臼という。29日付『大和タイムス』に先生「神話慕情」

12月31日　夕6時過ぎ先生訪問。懇談3時間、大晦日の神南備は更けて

ゆく、社務所は談論にぎやかである

1973（昭和48）年

1月2日　『生駒新聞』元旦号に吉田「初生駒うるわし」

2月18日　吉田、中田氏社務所訪問。中田氏とは同じ高谷垣内で顔見知りだが、直接の対面は初めて。瓦葺職人、文をよくする文化人。談論3時間

2月26日　先生訪問　随筆集の刊行進む。『風土』3号に、一部は八幡宮の郷土資料に。李方子『動乱の中の王妃』借覧

3月18日　先生訪問。高山の姓氏、影林（文治頃まで）、西岡、谷村（万治の燈籠残る）、久保（元弘まで燈籠残る）、吉田（藤井―高市皇子の裔）、有山（立証できず）、有井山（佐々木源氏）ら。酒の話―夜、酒を飲んで船には乗らない、デッキから海を見れば死への誘惑にかられる。南北朝のこと（後村上天皇が長弓寺を通ったことが古書にある）。正倉院のこと（東大寺ではクラと呼ぶ）。馬借のこと（マシャクに合わない―駄賃にあわない）など多岐にわたり午後2時から7時まで。借覧―『公卿補任』第4篇（昭和10年刊国史大系）、『国意考、国號考、異称日本傳』（昭和2年刊物集高見編皇学叢書）

3月21日　彼岸の中日　朝、中田さんより、今日は雨なので仕事は休み、来ないかとお誘い。午後早々中田氏訪問。高山の父宅から北へ約500m。冷やのコップ酒をいただきながら高山の歴史、山崎先生のこと、文学の話など。奥六畳間に掲げられた墨蹟二つ、一つに「射たずして之を射つ」の4文字、中島敦「名人傳」より、いま一つは掛け軸に゜「後の人金を積んでも残さず　本を残しても読まず云々」の30字ほど、志賀直哉「或る男、その妹」より。いずれも従兄弟にあたる甫田鶉川氏揮毫という。甫田氏、いまだ無名時代の書。そのあと中田さんに坊殿《ぼうどん》にある廃円楽寺跡に案内してもらう。鷹山氏の歴代墓所で知られる。道のない雑木を踏み分けた先に荒廃した墓碑が並ぶ。年に一回、無足人座の供養を受ける以外訪れる人もいないらしい。（現在このあたり高山竹林園となり墓域も整備されている）。さらに佐々木源氏の末裔といわれる有井山家の墓地へもご案内。中田さんから古いスクラップ帳や同人誌

『北和文藝』（昭和13年）借覧。なお、中田家は高山八十八カ所の一つ、今日はお大師様の日とかでお参りがあるらしい。中田家を辞し生駒へ帰ろうとしたところ、先生より来電、『風土』カットのゲラが上がってきたという。すぐいただきに参上

4月5日　中田氏より電話あり。『生駒市誌』批判に応えた編集委員会に対する公憤を洩らされる。市誌批判は市内軽井沢の小島亮君が生駒紙に4回にわたり掲載された。小島君は弱冠高校1年生（4月から2年生、歴研の学徒と聞く）、中田氏から「金鵄発祥地私観」が見つかったので複写してほしいと頼まれる

4月8日　中田氏より来電、雨ではないが今日は仕事を休むという。午後お伺いする。例によってコップ酒で金鵄発祥私観について。中田氏は、小島君らをもっと育てなければと力説。山越えで先生訪問。先生は境内にホースで水蒔き中、3人で「春の車」のゲラ読みや市誌の話など

4月14日　『風土』3号400部出来上がる

5月5日　高山へ帰り先生訪問。先生、股引姿で庭に枯れ葉剤を蒔いておられた

5月27日　早朝から先生と南朝皇居の賀名生へ。近鉄富雄で落ち合い、奈良駅発特急バス新宮行き、五條から乗り換え、幻の鉄道五新線上を走るバスで賀名生下車、丹生川沿いの堀家を訪ねる、堀家の人らしい髪を梳く女人あり、昨日東京より帰郷した由、座敷に上がらせてもらい、玉座を拝見。女人曰く「屋根裏に部屋があり、（天皇を）お隠ししたとのことでございます」 女人の姉は前田正男代議士の細君らしい。裏手に回ると、一人の棟梁、別棟建築中、茅葺きだが、宇陀から取り寄せている、茅葺き職人も少なくて、と愚痴も出る。「皇居跡」は吉村寅太郎書、裏山の五條高校分校跡のわきに南朝一の器量人といわれた北畠親房の五輪塔。「おいたわしいですなあ、侘しいですなあ」と先生は五輪塔に触れ呟かれる。バスで霊安寺、御霊神社に立ち寄る。井上内親王、早良親王のことなど先生より伺う

橋本へ出て隅田八幡神社訪問。寺本福一郎宮司在宅。明治16年4月生まれの92歳、先生とともに高野山の金剛三昧院にこもった間柄という。「家族は心配するが、毎月一人で伊勢へお参りします、百まで生きます

ぞ、ウォッホッッホ」と矍鑠。実弟は元航空本部長で敗戦の日自決した寺本中将、堀家の堀中将とは航空畑の先輩後輩の間柄で、往復書簡を見せていただく。この書簡は和歌山県から郷土の偉人として県史の資料に借覧の依頼があるらしい
この日、先生は帰途、堺市で神職関係の葬儀に参列、吉田は仁徳陵を一周し、天王寺で午後4時半に先生と待ち合わせたが会えず。帰宅し電話すると、先生も4時48分まで待たれたという。混雑に紛れたか
6月10日　先生訪問。親房の『職源抄』借覧。
7月2日　雨、先生訪問するも不在。夕、生駒に帰るため八幡宮でバスを待っていると、傘をさして先生が現れる。バスを見送り社務所へ。夜西本氏より原稿依頼あり。
7月10日　朝先生、中田氏相次ぎ電話あり。『大和タイムス』の1面コラム『国源譜』に、先生の随筆集『春の車』と上司海雲先生『古都讃仰』を取り上げているとのお知らせ
7月15日　来電、中田庄一さん、小島君が来訪とのこと、小島君、中田氏と吉田3人、社務所に集う。小島君17歳、先生73歳、吉田33歳。中田さんの案内で「宮形之宮」から芝あたりまで歩く。炎天下
8月11日　来電、きのう隅田八幡神社の寺本宮司が来社された由、おといは小島君来社、父上は『河内文化』に関係されているらしい、小島君『生駒文化』の発刊を促したという
8月24日　先生欧州へ出発
9月2日　中田さんよりお誘い。高山城跡へご案内。麓の谷村頼基氏宅で古文書を拝見、休ませてもらう。碑あり「清和源氏高山右近追福寶塔」とある。大正年間建立らしい。九頭竜神の社あり。このあたり九頭竜垣内という
9月3日　先生からエアメール届く

Air Mair　Japan Nara City　Ikoma Matsugaoka3-29
Hotel lutetia Concorde Paris
吉田伊佐夫様　　パリの表記ホテル2F248 山崎清吉

10月21日　先生訪問　小島君も同席

1974（昭和49）年

1月元旦　八幡宮に初詣に出かけ、そのまま社務所に上がり込む。おせち、茶わん蒸しにお神酒いただく。奥様も何十年来日記をつけておられ、昨年の元旦も社務所で飲んでおられましたね、と仰る。いやはや…

1月13日　高山氏子の成人式ツァーに参加、先生の案内で石清水八幡宮、広隆寺、二条城へ。参加48人。午後5時高山に戻り、社務所で8時ごろまで

1月18日　午後5時、『生駒新聞』西本社長が「奈良やまと」でわれわれ（先生、小島君、吉田）のために一席設けてくれる。8時半ごろ駆けつける。先生はすでに酩酊の趣。生駒新聞社の平田氏にそれぞれお送りいただく

1月27日　河合という写真学校の生徒らしい女人が八幡宮へ。卒業写真に茶筅の作業姿を撮りたいという。吉田同席を頼まれる。

3月10日　昨年出た『太陽』別冊が再版「茶」特集、カラーで山崎先生の写真掲載

3月17日　午前中、中田さん宅にいた吉田、午後4時に社務所へ。先生の帰宅遅れ奥様と話す。先生帰宅後7時まで

3月21日　妻が桃とチューリップを社務所に持参。「わけぎ」のミソ和えをもらって帰る。この日は無足人座（けんぎょ座）のお祭り、初わけぎを食べるならわし

5月12日　先生訪問、野口省吾氏の『大和高山の宮座（一）』（『ソシオロジ』第59号抜き刷り）拝受

5月26日　社務所へ。小島君も来合わせる。生駒新聞6月20日号で1000号成る。橋本・隅田八幡神社の寺本宮司、93歳の話に及ぶ。終戦で猟銃自決した寺本中将の兄にあたる。若き頃、寺本宮司と高野山金剛三昧院に遊ばれたことがある。金剛三昧院住職は当時金剛峯寺住職、真言宗管長。客殿の素晴らしさ、特に六曲の屏風は確かに室町のものと指摘し、一度専門家に見てもらったらと促す。たまたま高野山に来合わせた文化財委員も確認、果せるかな、2年後国宝に指定され、たいへん喜んでくれたという

8月4日　小島君が『河内文化』を持参、そのあと連れ立って社務所へ

写真家の小川光三氏（飛鳥園社長）より先生に来電、白洲正子の取材の件

8月25日　小島君来宅、一緒に社務所へ　激しい雨、先生、拝殿の前で20人くらいの人に話される

11月4日　（出張中の東京から）一時帰阪。1時間ほど先生訪問。七支刀を見たという。「泰和」の「泰」は「奉」と読めるという

12月21日　帰阪。先生訪問。さつま汁をいただきながら話す

1975（昭和50）年

1月1日　先生より来電、小島君来訪の由

1月7日　渋谷氏の車で薬師寺へ、先生、奥田竜夫さん、吉田同乗、吉祥天女図拝観

1月19日　小島君と会い社務所へ　『河内文化』贈らる

2月16日　小島君来宅、歴研の論文拝受

2月23日　朝方、腹部に鈍痛あり。訪八幡宮、先生も気管支悪く、離れの枕辺で話す

7月27日　先生訪問　小島君ものちに来宮

9月7日　先生を訪問　『風土』第4号初校終了

10月12日　先生を訪問　先生の兄上、86歳で健在、伊勢在住の由

10月28日　『風土』第4号完成　『新稿　高山茶筅志』　第1号の改訂版なり

12月18〜20日　先生、沖縄へ

＊この年「訪八幡宮」のみのメモ多し

1976（昭和51）年

2月22日　来電『扶桑略記』のこと、近江京のことなど

2月29日　来電　人魂、佐保姫、修二会のこと、百毫寺の一切経のことなど

5月11日　来電　薮内流機関誌（『竹風』）に茶筅志掲載とのこと

6月6日　八幡宮訪問　『竹風』拝受

11月7日　先生を訪問　『竹風』7号拝受

1977（昭和52）年

7月3日　先生より中田庄一氏訃報の知らせ。先生に同行しお悔やみにうかがう。数え62歳だったという

7月27日　新居の地鎮祭、先生にお願いする。実家古家に隣接の畑地に2階建ての家を新築

8月10日　この日付の『生駒新聞』に先生の「追想　中田庄一氏」掲載。「追悼を書いて欲しい—と西本主幹の電話を了承したのが7月29日の初更。旧知・筆友・中田庄一君の逝去は7月3日であった。前日の朝。お宮前のバス停から奈良の職場に向ったのに、午後2時頃気分が悪いからと急遽、国立病院に運ばれたが、快方に推移したのもつかの間、3日の未明にはすでに登遷。享年数えて62。口数少ない慎重型であったが、鷹山では無類の読書人で、記憶力も抜群。おもねるではないが、詩想も豊かで文章の運びは、とても近代的な流麗なものであった。生駒市の未来像についての応募原稿は一等に当選、金壱万円也の賞金の受け取りには自ら足を運んだように聞いたことがあった。昨夏8月1日。令弟の昭夫さんとその令嬢及び東大阪市立郷土博物館長の藤井直正氏らと共に来社、久しぶりの郷土の物語に打ち興じたのに、今は語るべくもなく、幽明境を異にした。筆友吉田伊佐夫とも昵懇で、将来的にはこの両人に高山の郷土史的展望の託されることの多かっただけに、早逝は悔やまれてならぬ。学問的には度をこえるほどの親切があって、何かと東道役を買って出る中田氏。たとえば清原氏が生駒の石仏について高山を掲出する段取りの頃、清原氏に架電して、その蘊奥を実地に傾けられたことなど、庄一君ならではの感一入。7月5日梅雨の雨期に君を送っての帰途、天鼓の音聞ゆ。妙音に声あり、落胆すべからず、悲観すべからず—風韻自ら俗塵を払うと。—7月30日記—」

8月28日　東松ヶ丘から実家に戻る

＊新居に移ったのは11月7日

1978（昭和53）年

1月3日　社務所に年始。中西清三氏から著書『宮本武蔵の生涯』『倉田百三の生涯』届く

1月18日　小島君に中田さんの論文郵送
3月1日　『生駒新聞』に「高山八幡宮本殿　國の重文に指定　10日の文化審議会で決まるという」
3月27日　高山八幡宮本殿付棟札の国重要文化財指定が答申され6月官報に。昭和29年の県文化財指定、先立つ同27年の高山八幡神社の八幡宮への名称変更から国の重文指定にわたる努力の成果は先生の「かぎろいの立つ見えて」(『生駒新聞』昭和54年1月10、20、2月1、10日の4回連載。この原稿は前年2月に出稿されたらしいが、掲載が遅れた事情が付記される）にくわしい、先生曰く「勲章はその人限り。高山八幡宮の重文成りは永世である。高山のある限り、氏神八幡宮は重要文化財として受け継がれて行く。その誇りと語り草の中に、一業を神主一筋に生きた久遠の生命を伝えることが出来たら、以て瞑すべきである」
3月27日　朝日、毎日、読売、産経、奈良各紙本版・奈良版に高山八幡宮の重文指定伝える
7月10日　茶筅師久保左文氏（竹茗堂）著『高山茶筌』刊行　のち1984（昭和59）年再版。編集を手伝う。
8月19日　先生の案内で、久保仲秋氏夫妻と葛城へ。
9月17日　中西清三氏が八幡宮を訪ねられたらしい。『大和タイムス』に「万葉物語」を連載中。先生からお誘いがあったが不在
11月3日　先生と吉田、箕浦さんの車で吉野行、走行150 k
12月27日　先生訪問。木　静かならんと欲すれども風やまず　子　孝ならんと欲すれども親待たず
＊この日、吉田が先生に「中今」の意味について説明を乞う

1979（昭和54）年
1月元旦　午後小島君より来電、卒論は78年中に仕上げた、いましばらく大学院で勉強するという
1月7日　箕浦氏の車で先生と南山城行。加茂へ出て浄瑠璃寺、吉祥天女像拝し庭園散策。岩船寺を見過ごしてしまい柳生へ。芳徳寺、柳生家墓所、疱瘡地蔵、忍辱山円成寺拝観。午後4時奈良駅ビルで食事後、一行と別れる。この日宿直

1月21日　先生訪問　奥様済生会病院入院の由
＊2月12日　夜NHKTVで陶芸家安藤堅氏「よみがえる秘宝『曜変天目茶碗』再現の記録」 20年間のサラリーマン生活を絶ち、4年前に高山へ（のち鹿野園へ居を移す）。曜変天目の伝世は3個、藤田美術館、岩崎家、大徳寺蔵
3月4日　久しぶりに社務所へ。神殿に上がり能舞台の話。山中に暦日なし　読書三到、甚解す、と先生。老いると、高山では一眼二足ということ、眼がまず衰え、ついで足が衰える。出雲ではハメマラという。歯眼摩羅のこと
3月11日　先生訪問、埼玉県教委編集「稲荷山古墳出土鉄剣金象嵌銘概報」拝受
3月15日　『大和タイムス』改め『奈良新聞』に先生の「稗田阿礼」 同ページに中西氏の『万葉物語』第10部「悲風山田の巻」、息の長い大河小説
3月21日　午後遅く先生訪問、郷土資料第9集「お茶と茶筅」を『風土』5号に（200部）受領。無足人の会合あり、引き続きお稲荷さん、区長の新旧交代あり
4月1日　午後先生訪問　久保仲秋氏夫人、ムラサキを持って来たり、マッサージ師の森さん月詣り。同じ垣内の中田文夫先生（元中学校教頭）は生駒市誌の植物編調査のため来社…と千客万来。「今朝、カヤの実を蒔いておいたのや」と先生。カヤの実を蒔けば、人寄り来たると。中田先生よりクヌギ十数本いただく、父がシイタケの菌を植え付け
5月6日　先生より奈良東部行にお誘い、車は箕浦氏。八島陵（崇道天皇陵）、此瀬の太安万侶墓誌出土地、光仁天皇田原東陵、春日宮天皇（志貴皇子）田原西陵巡る
5月20日　高山八幡宮1230年祭、氏子総代ら参賀あり。『風土』第5号ゲラあがる。
5月27日　先生より宇陀の仏隆寺へお誘い、夕、先生訪問、疲労重なり宇陀行は辞意。（※仏隆寺行は後年、宇陀の生き字引、菅谷省吾先生の案内で古格の茶臼実見を果たす。菅谷先生は大阪府立高校長を務め、四条畷学園短期大学教授、漢文がご専門、令和２年現在94歳でご健在

昨年亡くなられた橿原考古学研究所所長の菅谷文則氏の実兄）
7月1日　『風土』5号完成
8月12日　先生より、小島君来社とのこと
8月26日　先生訪問、箕浦氏も来たので、急遽古市行。名阪から羽曳野、応神陵、日本武尊白鳥陵、道明寺では尼さんに本尊拝観させてもらう
9月24日　渋谷昇氏の車で鹿野園の陶芸家安藤堅氏訪問。吉田、箕浦氏も同行。奈良ホテルで食事、唐招提寺前の茶屋で休憩
＊この年12月、石仏研究家今井正弘氏によって「生駒民俗会」創設。生駒郷土研究会メンバーの一部らの集まりが母体。里村師も世話人を務められたが、のち今井先生が主導し、現在は2代目今木義法会長〈生駒市文化財保護審議会会長〉が引き継ぐ。2019〈令和元〉年は創設40年にあたり12月に生駒民俗会『40周年記念誌　ふるさと生駒』刊行

1980（昭和55）年
1月5日　社務所へ年始　応答なく社殿へ上がる。拝殿、舞台の絵馬などを見た後再度社務所にうかがうと先生の姿あり。昼寝をされていた由。「二人だけの新年会」となる
＊以下―なぜか1980（昭和55）年～1981（昭和56）年の記載見つからず

1982（昭和57）年
1月10日　社務所へ年始、正木先生も来合わせ3人の新年会。正木先生は吉田の小2時代の担任、その後、教師を辞め家業の竹製品製造に従事、その後家業を子息に引き継がれ、俄かに郷土史への関心を高められる
1月31日　先生中心に傍示（高山の北端）勉強会。吉田のほか正木、吉川武男氏ら参加。庄屋の家柄の吉岡源治宅の「上段の間」など見学。
＊吉川氏は村役場や『愛郷新聞』などに関わりを持たれた方、戦時中いわゆる「南京大虐殺」当時の南京に駐屯、克明な日記を手帳に書き留められ、この手帳は県立図書情報館の戦争文庫に寄贈された。その手帳のコピーをいただく。吉川氏は「南京の日常はそんな大虐殺が起きる環境ではなかった。どこにでも発生する一部兵隊の犯罪的な個人の

行為は見受けられたが…」と仰っていた
4月18日　先生訪問　寺本中将のこと（終戦時、航空本部長の時自決）、北畠親房のこと、鬼と鍛冶屋のことなど。隅田八幡宮の寺本宮司は昨年（昭和56年）12月死去されたこと。98歳
5月30日　東京の小島君より来電
6月10日　小島君より著作届く
6月21日　生駒民俗会、高山の法楽寺を訪ねる。今井会長、松本俊吉（桜井史談会主宰）はじめ大植、藤本、正木、中田各氏ら。なんと元教員ばかり
8月1日　先生、正木、吉川、吉田の4人で獅子窟寺探索。生駒新聞より清酒3本
8月29日　夜先生訪問、正木先生も加わり11時まで
8月30日　昨夜の帰宅時の記憶失う。右肩、左手,右足に打ち身、擦り傷あり
12月23日　先生より清酒2本、生駒新聞より清酒3本それぞれ届く
12月26日　椿寿荘（くろんど池・高山溜池のそば）で「山崎先生を囲む会」を開く。吉田、吉川、正木、渋谷ら8人

1983（昭和58）年
1月16日　先生訪問　ササの由来、楽々福の昔語り、島根県日野に楽々福神社
※3月1日、小林秀雄逝く
3月27日　朝から先生を囲む人たちに加わり京都・田辺の天王へ。朱智神社で知られる。帰途辻本邸に立ち寄り夜の9時半まで懇親会
5月8日　生駒新聞社長・主幹西本喜一氏の傘寿パーティー
7月24日　先生と長弓寺塔頭宝光院で解体修理中の地蔵菩薩を拝見。宝光院住職の里村師肝煎りの郷土研究グループ「みさと（三郷）会」を発足される。高山、生駒、上の3地区を表す。吉田は参加せず。※里村師没後、後継者なく宝光院は廃絶

1984（昭和59）年

8月11日　夜、先生より、10日夜夫人逝去の連絡入る

8月12日　朝10時半、新今宮の大阪互助会館で先生夫人の密葬。参列は長女夫婦、孫娘ら11人。一般参列はなく、吉田のみ。本葬は高山で営まれる

9月2日　金毘羅例祭、そのあと社務所で正木、渋谷昇、渋谷力、吉田懇談

10月21日　高山で夫人の告別式

1985（昭和60）年

＊先生は6月に国東の石仏行、10月に忍海・角刺宮行と旺盛な古跡巡りを続けられる。この年、デスクワークに宿直勤務、連載記事を抱え、西独・フランス取材が重なり、日誌はほとんど空白

1986（昭和61）年

1月元旦　先生の賀状（添え書き）「59年初秋の頃、常ならぬことあり、為に心ならずも年始の賀状を差控えましたが、頃来頑健に恙なく暮しています。尊堂益々ご清安をお祈りします」

3月30日　社務所へ。先生不在。体調悪く大阪の長女宅へ

4月23日　社務所へ。先生、今月初めから阿波座の日生病院に入院されていたそうだが、きょう退院の由

12月14日　先生訪問　『風土』第6号の件

1987（昭和62）年

1月元旦　年始状　高山町東大門　吉田宛（（ペン書きで一筆あり）

1月25日　先生入院の報

1月27日　阿波座の日生病院に先生お見舞い。姿見当たらず。夕方先生より電話あり

1月31日　夕刊デスクワークのあと、病院に先生お見舞い

2月15日　『風土』第6号完成

2月23日　社務所に。一時退院中の先生見舞う。雄略天皇、山頭火の話

など
3月25日　日生病院に先生見舞う。一昨高山に帰り今朝2番のバスで帰院の由
3月26日　先生、高山にいったん帰宅。午後7時に社務所に先生訪ねる。明日1番バスで帰院、吉田が同行することに
3月27日　朝6時5分のバスで先生に同行、生駒で地下鉄に乗り換え阿波座の日生病院へ
5月3日　吉田、小島君社務所へ、小島君は東京から帰ったばかりという。6月25日に中公新書『ハンガリー事件と日本』を刊行するらしい
５月１７日　午前11時より西本喜一氏の叙勲（勲六等単光旭日章）記念パーティーが生駒市図書会館で。里村和尚の顔も
6月2日　先生からハワイ土産のジョニ黒とダンヒルのたばこ（孫娘の挙式に出席という）
＊6月28日　小島君の著書『ハンガリー事件と日本―1956年・思想的考察』（中公新書）、新聞広告に「1956年秋に勃発したハンガリー事件は日本の思想界に決定的影響を与えた。当時の政治の構造と関係性をシステマティックに捉えた本書は『ハンガリー・ショック』の渦中に生まれた思想的新潮流、即ちネオ・リアリズム論とニュー・レフトの意義を検討する『思想の国際関係史』の新しい試みである」定価560円
9月2日　『生駒新聞』に小島君の原稿が久々に掲載
9月5日　社務所へ。9日には白浜温泉病院に入るとおっしゃる。足の痺れを癒すため。10月15日の例祭までには戻る―と
9月9日　先生白浜へ
11月3日　先生訪問　来年88歳という。話題の中心は古代史
11月15日　小島君より留学の件で来電
11月16日　小島君より来信　シカゴ大研究員として赴任すること、ハンガリーのブダペスト大留学（2年間）のこと
12月23日　シカゴ発小島君より来信、1カ月後ブダペストに移り、2年後、再びミシガン湖畔に戻るという
12月26日　先生訪問　新社務所のことなど

1988（昭和63）年

1月24日　午後先生訪問　約2時間、万葉集のことなど

4月29日　先生訪問、箕浦さん、里村師来る。3日に明石の人丸神社行決まる

5月3日　明石行。榎本氏の運転で朝8時出発。同乗は先生、里村師、吉田の3人。明石の柿本神社へ。柿本神社は明石、石見、奈良の3カ所にあり。浜近くの明石屋で鯛の造り定食。須磨寺、敦盛塚めぐる

7月19日　先生訪問　明日粉河寺へ行くという、同行させてもらうことに

7月20日　和歌の浦行。朝7時、榎本氏の車で紀州へ。先生、里村師、吉田の明石行メンバー。河内長野から橋本へ。榎本氏の甥のDPE店に立ち寄る。粉河寺へ。東和歌山の水了軒の雀鮨1500円求め、玉津島神社でいただく。新和歌浦、奥和歌浦を経て堺の仁徳陵をめぐる。夕6時社務所に。ヒヨドリが山から里へおりると、その日は天気が崩れないと先生

10月2日　高山八幡宮社務所改築完成式

11月2日　先生の自室で撮っていただいた写真拝受。自室は赤絨毯の社務所とは別、社務所に続く離れ、窓際にベッドをしつらえ寝所にもなっている

12月25日　『読売新聞』の「大和よみうり文芸」に先生の「物に拘ることなくなりし八十八歳読書をしつつ眠る夜ごとを」載る

1989（昭和64＝平成元）年

1月7日　デスク担当、午前5時、緊急出社の指令あり。車中の6時35分、陛下危篤発表、6時55分崩御発表、午後2時過ぎ、小渕官房長官改元発表、昭和から平成へ

1月22日　先生訪問　4日から20日まで奈良プラザホテル（天理市）に滞在、付設健康ランドで湯三昧。「いたずらに温泉につかっていたわけじゃなく、こんな歌も―至尊と数えも同じ齢なり去年にエッセー二万字を書く」。先生は1901年3月29日生まれ、「卒寿近く古書を読む、ただひと糸（すじ）の真実を求めて、これを歌にしたい」と。話はずむ、崇峻天皇、十市皇女、魔性の山倉橋山、大津皇子のことなど

1月26日、先生より2月5日当麻行のお誘いあり
2月5日　先生の当麻行に同行。石光寺寒牡丹、中之坊茶室、島谷口古墳などを訪問。運転は久保仲秋さん
6月18日〜23日　先生、天理の健康ランドに逗留、引き続き紀州の椿温泉へ転地療養される
9月24日　先生訪問　27日に新宮の徐福の墓参後、10月中は白浜で療養する由
11月17日　阿波座の日生病院に先生見舞う。12日にタンがつまり、主治医の安倍医師から入院を勧められたという

1990（平成2）年
1月元旦　年始状　（ペンで）「入院中は度々の御厚情感謝しています」馬の絵に賀春　先生はこんな賀状を出されたことはない。家族の代筆か
1月21日　先生訪問　6日から13日まで天理の湯に滞在の由、『大美和』78号拝受、法隆寺の『飛天』借覧
1月30 日先生より本復祝の赤飯到来
2月12日　先生訪問。飛鳥、河内飛鳥など話題に。御陵を参拝し30分ばかり瞑想すると火葬か土葬か、納骨されているか、スピリットでわかるという。即興歌「君と行く雷の丘道こえて昔のあとを知るよしもなし」「うつぶしてにおう春野の花すみれ飛鳥の丘に菜つます人」
5月13日　先生訪問。23、4歳（1923、4年＝大正12、3）ごろ、堺で体験したロマンスの話
8月24日　『生駒新聞』に小島君の原稿掲載、ハンガリーからの投稿なり
10月4日　『生駒新聞』「きょうのかお―高山八幡宮宮司　山崎清吉さん（89）」
◇ひとこと　「昭和4年に県の神職検定に合格し、神主になってから60年になります。旧生駒郡では最高齢ではないですか。神職に定年はありませんので、健康である限り頑張っていきます。健康の秘けつは暴飲暴食をしないこと、そして一日二合までの晩酌です。この高山八幡宮は元亀3（1572）年の室町時代後期に建造されたもので、県指定の文化財です。昭和34年に高山八幡神社を改称して今日に至りました。

◇生年月日　「明治34年３月29日」
◇出身地　「三重県」
◇血液型　「測定したことがないので分からない」
◇感銘した本　「日本六國史、昭和15年発行で市内でも10冊もない貴重な本です」
◇趣味・特技　「文章を書くことが好きです」
◇これから　「高山地区でも珍しいカメラマニアで、新旧合わせて８機種を持っています。今はニコンのF4が欲しいですね。長生きしたいというのが本音ですが、人にやっかいにならないようになるべく自分のことは自分でするようにしていきたいですね」（やまざき・きよし　生駒市高山町12679ノ1）
＊聞き手は『生駒新聞』高山地区記者を務めた影林利信さんと聞いた
11月10日　先生訪問。思い出話をされる—昭和８年、北倭の八幡宮に行かないかと話があり、翌９年、国から「この者類いのない稀なる浪費者にて神主にふさわしからず」といわれ県庁も困ったが、結局着任、28歳の時（＊このあたり年代に錯誤あり）。いわゆる壮士だった。大神神社の中山和敬とは学校が一緒、本名カメジ（漢字不明）で、カメやんと呼んでいた
12月16日　年末挨拶に伺う。以下、先生、とつおいつ若き日の思い出話をされる
当時、柳原燁子（白蓮）が福岡の炭鉱王伊藤伝右衛門に嫁し、赤銅御殿を建ててもらい、シナ浪人の宮崎滔天の息子、宮崎龍介と深い仲になり、子までなす。わたしは好奇心のかたまりで、赤銅御殿を見に行きましたよ。あれから65年、私にもいろいろな思い出があった。ウツツかマボロシか

1991（平成3）年
1月元旦　年始状　羊の絵に寿春　1991元旦とある。間違っても先生の書きぶりではない。これが八幡宮からの最後の年始状となった
2月1日　桜井の中西清三氏訃報、1月31日午前7時10分、脳梗塞のため自宅で死去。91歳。元耳成中学校校長、喪主の長男将（すすむ）氏も

大三輪中学校長。勇退後、小説を執筆、作品に『万葉物語』『宮本武蔵の生涯』など。家内の実家の近くにお住まいで義母とは懇意だったらしい。ことづてに著書を拝領したり、賀状のやり取りをしたが、お目にかかる機会はなかった
2月3日　芳竹園久保喜太郎氏訃報。高山の茶筅師、大正の終わりから『愛郷新聞』を発行、冠句の宗匠としても知られた文化人。手元には冠句集『竹しずく』が残る
2月24日　社務所に先生訪問。「翁舞」などについて聞く
3月30日　先生訪問。昨29日90歳の誕生日。シュメールのこと、黒潮文化のこと、松本貞二郎のことなど。松本氏は先生の生國魂時代に知り合った従兄弟の友人の父で、上六で開業医。仏教の研究家でもある。神職の先生が仏教に詳しいのは、松本邸に出入りし仏教書の蔵書を読破した結果という
9月2日　大阪日生病院に入院中の先生見舞う。やや耳が不自由
12月4日　日生病院に先生見舞う。5F502号室
12月9日　米ハーバードより小島君の便り届く

1992（平成4）年
2月18日　阿波座の日生病院に先生見舞う
8月30日　地域の金毘羅例祭で高山八幡宮の佐和宮司（先生の女婿）から、先生の容態悪し、と聞く
9月14日　日生病院に先生見舞う。雇いらしい付添婦さんが、この方、食事を摂らない覚悟のようですよ、と冷ややかにいう。先生の老衰が激しい。歯を失っているため言葉がほとんど聞き取れない。これが最後になるかもしれない、じっと先生を見つめ手を握る
9月18日　先生宅から吉田宅にジョニーウォーカー黒と赤届く。先生の指示らしい
10月4日　生駒新聞社西本社長より、芸術協会文芸誌『あを』用原稿依頼あり。「壺法師のこと」。中学時代の校長でもあった東大寺の故上司海雲師のことを書く
10月15日没　92歳　昭和天皇と同年生まれをしばしば口にされ、奉仕

の宮の秋季例大祭の日に逝く。
＊この事実は後日に明らかになる
10月18日夜　近隣の氏子の人から、うわさだがと、先生訃報を聞く
10月19日朝早々　大阪の佐和家に電話を入れ、15日夜11時半、秋祭りの夜死去されたことを知らされる。一時、退院も考えるほど回復され、肺炎も乗り切られたが、白血球が急減したという。17日大阪で密葬、11月3日高山で氏子葬を営むという
山崎先生の墓碑　　長弓寺宝光院霊苑　高徳院浄叟清心居士
「山崎清吉氏（高山八幡宮宮司）　死去」『生駒新聞』1992（平成4）年10月20日号
山崎清吉氏は去る10月15日午後11時35分　大阪の病院にて老衰のため死去　92歳。山崎さんは60年前の32歳の時、高山八幡宮司となりて八幡宮の復興に努力、今日の基礎を築いた。また、読書家で、随筆家としても一家なし、神官の目を通して古代史を研究、神代から現代までの歴史文化を資料に、数多くの研究結果を発表、注目を集めていた。また生駒市の歴史も詳しく調べ、市の文化財資料などに貢献することも尠なくなかった。本紙にも達筆の研究結果を執筆、掲載することが多かった。告別式は（11月）3日の文化の日午後1時から3時まで高山町大北公民館で氏子葬（氏子総代・高木五一氏）として営まれる。
＊西本社長自らの追悼文に間違いないと思われる。ただ、西本氏はこのころすでに身体が不自由で（11月28日に吉田が生駒の倉病院入院中の西本氏を見舞っている）、口述筆記されたものとみられる。付け加えれば、西本氏が一人で発行されてきた『生駒新聞』は、西本氏病気のため1992（平成4）年休刊、奇しくも「山崎先生逝く」の訃報を伝えた「平成4年10月20日号（1646号）」が終刊号となった。西本氏はその後も病床にあって再刊に意欲を燃やされたが、ついに再起ならず、7年後の1999（平成11）年永眠された、96歳。

1993（平成5）年
5月　吉田52歳、高山を去る。

山崎清吉著作目録

吉田伊佐夫 編

本目録に記載した戦前から1965（昭和40）年頃までの著作は一部を除き山崎清吉のスクラップ帳（1972〈昭和47〉年3月20日記す、とある）に依拠した。発行時期や版元不明、新聞連載の掲載日など混乱が散見されるが、国立国会図書館オンライン（https://ndlonline.ndl.go.jp）などを照合して、フォローできる文献については厳密を期した。1965年以降は可能な限り著作そのものを参着してデータを記載した。

1930（昭和5）年

『古事記新釈』[1]　10月

『共同思惟の形式に於ける神道の特異性』[2]

『日本神典及神ながら之道』[3]

1931（昭和6）年

生活の基調[4]　『東京萬朝報』9月12日

1932（昭和7）年

すめらみくにのいのち―日本国家の生命（4回）『奈良新聞』[5]　2月25～29日

崇高なる日本精神を讃ふ（2回）『奈良新聞』2月26日、3月1日

文化と宗教の関係に就いて（4回）『奈良新聞』3月～4月3日

『日本主義理論の検覈―祖国日本を見直して―』11月　大日本錦皇社

1933（昭和8）年

『日本精神史観と唯物論―史的唯物論を語る―』[6]　7月　大日本錦皇社

思想への一関心（5回）『奈良新聞』6月27日～

宗教的信仰[7]　『大阪時事新報』7月1日

人生と宗教（2回）『大阪時事新報』7月12日～

昭和日本の指導精神　『奈良新聞』8月7日

祈年と新嘗と減段　『奈良新聞』9月28日

神道から観て（14回）『奈良新聞』11月8日～11月21日

1934（昭和9）年

祭りといふこと（7回）『奈良新聞』2月18日～2月24日

神道の哲学（4回）『愛郷新聞』8月〜9月15日
高山八幡宮ものがたり（紙上講演）『愛郷新聞』12月1日

1935（昭和10）年
高山八幡宮の御由緒（7回）『愛郷新聞』7月1日〜1936年6月1日

1936（昭和11）年
光は日本より致す（3回）『愛郷新聞』7月1日〜8月3日
新版郷土読本北倭村風土記—傍示に聴く（3回）『愛郷新聞』9月1日〜10月1日

1937（昭和12）年
質問に答へて—激動の中をゆく（3回）『中外日報』6月23日〜
漫想漫談ふみ月に語る身邊雑話　『愛郷新聞』7月1日
銷夏8月に題す　『愛郷新聞』8月1日
無夏有秋　『愛郷新聞』8月15日
初秋に寄す　『愛郷新聞』9月1日
女子青年の夕に感ず　『愛郷新聞』9月15日
秋想雑筆　『愛郷新聞』10月1日
古い記録から　『愛郷新聞』10月15日

1939（昭和14）年
郷土史料　東道記　『愛郷新聞』9月15日

1940（昭和15）年
『随想録　古代日向ぢの旅』私家版[8]　秋

1955（昭和30）年
“あすなろ”の木（10回）『愛郷新聞』6月15日〜1956年6月15日

1956（昭和31）年
ふるさとの寺々の本尊佛を拝む（4回）『愛郷新聞』7月1日〜10月1日

1957（昭和32）年
鳥見の郷雑考—エトにちなんで—　『愛郷新聞』1月1日
宇治から京都への見学—その文化の迹に思う　『八幡宮時報』全国八幡宮連合総本部　7月

1958（昭和 33）年
全国八幡宮関係国寶重要文化財輯録　『八幡宮時報』別冊　全国八幡宮連合総本部　6 月

1959（昭和 34）年
贄をうつ（3 回）『生駒新聞』2 月～ 3 月 18 日
『郷土誌史料第 1 輯　高山八幡宮の本殿』8 月　高山八幡宮社務所

1960（昭和 35）年
隅田八幡宮鏡銘考」『八幡宮時報』全国八幡宮連合総本部　8 月
『郷土誌史料第 2 輯　高山茶筅小史』10 月　高山八幡宮社務所

1961（昭和 36）年
高山茶筅考　『神社新報』1 月
『郷土誌史料第 3 輯　高山氏小攷録』10 月　高山八幡宮社務所

1962（昭和 37）年
『郷土誌史料第 4 輯　高山考古録』6 月　高山八幡宮社務所
秋近し　『生駒新聞』8 月 20 日
珍来友　『生駒新聞』9 月 10 日
よろしく　『生駒新聞』9 月 20 日
烏有先生　『生駒新聞』10 月 20 日

1963（昭和 38）年
睦月たつ頃　『生駒新聞』1 月 1 日
それぞれに思う　『生駒新聞』1 月 20 日
あらあらかしこ　『生駒新聞』2 月 10 日
春の車　『生駒新聞』3 月 10 日
ひぐらしの鳴く頃　『生駒新聞』7 月 20 日
木陰げ涼し　『生駒新聞』8 月 10 日
たびのつと　『生駒新聞』9 月 1
星月夜　『生駒新聞』9 月 10 日
恙なきや　『生駒新聞』10 月 10 日
楓林の暮　『生駒新聞』11 月 10 日
東籬の君　『生駒新聞』11 月 25 日

1964（昭和 39）年
画竜点睛　『生駒新聞』1 月 1 日
伽羅の春　『生駒新聞』1 月 20 日
そこはかとなく　『生駒新聞』2 月 20 日
花三春　『生駒新聞』3 月 10 日
自己陶酔　『生駒新聞』5 月 10 日
身だしなみ　『生駒新聞』6 月 1 日
青衣の女人　『生駒新聞』7 月 10 日
茶筅雑誌　『素心』大阪昌栄印刷　9 月 1 日

1965（昭和 40）年
青葉して　『生駒新聞』6 月 10 日
しづ心なく　『生駒新聞』11 月 10 日
筑紫のつと　『石清水』石清水八幡宮 12 月

1966（昭和 41）年
丙午雑談　『生駒新聞』1 月 10 日
高山の茶筅（9 回）『奈良県観光新聞』8 月～
八幡様の神像　『素心』大阪昌栄印刷　11 月

1967（昭和 42）年
淡路の国へ　『八幡宮時報』全国八幡宮連合総本部 8 月
神降山の榊　『石清水』石清水八幡宮　11 月

1968（昭和 43）年
東京奠都の道すがら　『八幡宮時報』全国八幡宮連合総本部　8 月

1969（昭和 44）年
さらで・だに　『生駒新聞』6 月 1 日
心　閑かなり　『生駒新聞』8 月 10 日
なじか・は　『生駒新聞』9 月 10 日
『郷土誌史料第 5 輯　高山の茶筅小誌』高山八幡宮社務所　秋

1970（昭和 45）年
睦月たつ　『生駒新聞』1 月 1 日
春のあした　『浮世床』浪速軒理容所 1 月 1 日
ふ串もよ　『生駒新聞』1 月 20 日

風・におう 『生駒新聞』2月1日
あせび言問い 『生駒新聞』2月20日
高山地名考（24回）『生駒新聞』4月20日～1971年11月1日
大和の高山 『すみのえ』すみのえ発行所 10月

1971（昭和46）年
こころ乍ら 『大和タイムス』8月9日
豊旗雲 『大和タイムス』8月20日
出雲のいつきめ 『大和タイムス』8月26日
葛の浦風 『大和タイムス』9月8日
こころ草 『大和タイムス』9月22日
高山茶筅誌 『風土』[9] 第1号 風土同人社 10月
時と旬と 『大和タイムス』10月3日
瑣瑣・些細 『奈良県観光新聞』10月10日
星の林 『大和タイムス』10月15日
脱俗の美 『大和タイムス』10月28日
楓林の暮 『大和タイムス』11月9日
生みけん人 『大和タイムス』11月16日
さらで・だに 『大和タイムス』12月4日
日矛こと問い 『大和タイムス』12月16日

1972（昭和47）年
高山地名考 『風土』第2号特輯 風土同人社 1月
心いろめく 『大和タイムス』1月28日
春のさかい 『大和タイムス』2月17日
梅里先生のこと 『生駒新聞』2月20日
青衣の女人 『大和タイムス』3月24日
天の日矛・問わず語り 『石清水』石清水八幡宮 4月1日
鴨と木瓜 『大和タイムス』4月2日
惰は真なり『大和タイムス』4月13日
画竜点睛 『大和タイムス』4月24日
僧形の神像 『大和タイムス』5月9日
創作と模倣 『大和タイムス』5月15日
椎の花咲く頃 『大和タイムス』5月29日
語らい草 『大和タイムス』6月7日
儒道と神道―その表現の比較 『大和タイムス』7月1日
新風土記・茶筅考（10回）『生駒新聞』7月10日～1973年8月1日

神話慕情　『大和タイムス』7月29日
名を知る　『大和タイムス』8月21日
いちさかき　『大和タイムス』9月27日
筆硯いまだし　『生駒新聞』11月1日
とてや・かくてや　『大和タイムス』11月10日

1973（昭和48）年
年のはの言立て　『生駒新聞』1月20日
『奈良県指定文化財　高山八幡宮』3月　高山八幡宮
動乱の中の王妃　『生駒新聞』3月25日
随筆集　春の車　『風土』第3号特輯　風土同人社 5月
欧州見たまま　『生駒新聞』9月20日
物のあわれ―その形成事象―　『大和タイムス』11月12日
出雲風土記―たまさかな神社のこと　『大和タイムス』12月5日
高山茶筅誌　『茶道雑誌』河原書店 12月～1974年3月

1974（昭和49）年
欧州への旅（17回）『生駒新聞』1月1日～11月20日
1973秋・欧州への旅―身辺雑事記　『石清水』石清水八幡宮　4月1日
且座喫茶　『生駒新聞』9月10日
「青衿のいらっこ　その伝説の背景」『大和タイムス』10月24日
初冬に拾う　『生駒新聞』12月1日

1975（昭和50）年
辺洲の舟　『生駒新聞』1月1日
今日的価値観の意味するもの　『生駒新聞』1月10日
虚実 忽々　『生駒新聞』2月1日
桃花讃仰（6回）『生駒新聞』3月20日～5月
気がかり　『生駒新聞』7月25日

1976（昭和51）年
新稿　高山茶筅志　『風土』第4号特輯　風土社　1月
沖縄を見る　『生駒新聞』1月20日
近つ淡海の宮　『生駒新聞』3月1日
たまさかな神の社　『石清水』石清水八幡宮 4月1日
佐保のきみ　『奈良新聞』4月3日
境はるかに　『生駒新聞』4月20日

高山茶筅志（4回）『竹風』[11] 1976年5月～
はこやの山　『奈良新聞』5月2日
檀板一声　『生駒新聞』9月1日
秋天高く　『生駒新聞』9月20日

1977（昭和52）年
茶と茶筅—祖形からいま様まで（4回）『月刊奈良』3月～6月
春うらら　『生駒新聞』3月20日
紫におう　『生駒新聞』4月20日
新島もり　『生駒新聞』5月20日
夏なれや　『生駒新聞』6月10日
夏のさかり　『生駒新聞』8月1日
追想・中田庄一　『生駒新聞』8月10日
竜胆咲いて　『生駒新聞』8月20日
清風徐に来る　『生駒新聞』9月1日
菊花叙情　『生駒新聞』10月10日
祭りということ　『生駒新聞』11月20日
祭りの用語例—祭りということ②（4回）『生駒新聞』12月1日～

1978（昭和53）年
記紀前代の文化史的展望（11回）『生駒新聞』3月1日～12月10日

1979（昭和54）年
かぎろいの立つ見えて（4回）『生駒新聞』1月10日～2月10日
さらさらに　『生駒新聞』3月1日
稗田の阿礼—その伝承口誦能力をめぐって　『奈良新聞』3月14日
小杜神社の祭神は？　安万侶の墓発見から—源の水分神が権力に迎合か　『奈良新聞』4月13日
古語とのひとときき　『生駒新聞』5月1日
お茶と茶筅—その源流を考える—　『風土』第5号特集　風土社　6月
猿女こととい　『生駒新聞』6月1日
此瀬まいり　『生駒新聞』7月1日
華胥の国　『生駒新聞』8月1日
太氏の出自と古事記三態　『八幡宮時報』全国八幡宮連合総本部　9月
有馬のみこ—市経のやしき　『生駒新聞』9月1日
左道傾国　『生駒新聞』10月10日
鵜兎忽々　『生駒新聞』12月1日

1980（昭和 55）年
申申如也　『生駒新聞』1 月 1 日
氷炭相容れず　『生駒新聞』2 月 1 日
思案一瓢　『生駒新聞』3 月 20 日
思案のほか―うつろ語り　『生駒新聞』5 月 1 日
隼人の出典（2 回）『生駒新聞』6 月 10 日～ 7 月 1 日
翠微に銷夏す　『生駒新聞』8 月 10 日
歌と絵から―有馬のみこ・阿礼幻想―　『生駒新聞』8 月 20 日
語り継ぎの価値観　『生駒新聞』9 月 15 日
石階に效う　『生駒新聞』10 月 1 日
七支刀　『生駒新聞』10 月 20 日
星見草　『生駒新聞』11 月 10 日
冬のしがらみ　『生駒新聞』12 月 1 日

1981（昭和 56）年
春景一輪　『生駒新聞』2 月 10 日
桜に寄せて　『生駒新聞』3 月 20 日
かわたれの神　『生駒新聞』4 月 1 日
賓主なき馬酔木　『生駒新聞』5 月 1 日
悢悢・長屋王　『生駒新聞』6 月 10 日
はつ夏のころ―独語り史的展望　『生駒新聞』7 月 20 日
傍示と交野―筑波の道の聯想　『生駒新聞』8 月 1 日

1982（昭和 57）年
高山地方の鬼瓦文様（12 回）『生駒新聞』1 月 10 日～ 8 月 10 日 .

1983（昭和 58）年
春は茜の　『生駒新聞』2 月 10 日
鬼と金工との間（6 回）『生駒新聞』3 月 1 日～ 7 月 20 日
夏一服　『生駒新聞』9 月 1 日
妹（いも）の力を考える（8 回）『生駒新聞』9 月 20 日～ 1984 年 5 月 20 日

1984（昭和 59）年
天地初発―上代ロマン（17 回）『生駒新聞』6 月 10 日～ 1986 年 3 月 20 日

1985（昭和 60）年
国東石仏記　『生駒新聞』10 月 1 日

忍海・角刺宮紀行　『生駒新聞』11月20日

1986（昭和61）年
宇智の大野へ　『生駒新聞』2月1日
たまきわる宇智陵　『生駒新聞』2月20日
秋色将に浩然　『生駒新聞』10月1日

1987（昭和62）年
睦月の春風飄々　『生駒新聞』1月20日
上代日本の文化史的展望―国家意識の高揚過程―『風土』第6号特輯　風土社　2月
隠遁と無常―方丈記成立の周辺　『生駒新聞』2月10日
難解古語ロマン―雄略紀のナヒトヤハバニ　『生駒新聞』4月20日
悲恋の2皇女　大来・井上両斎宮　『生駒新聞』6月1日
いま様りんどう考　『生駒新聞』7月1日
野辺に咲く花―秋の七草・なでしこ　『生駒新聞』8月1日
斎宮在所考　『生駒新聞』10月10日
赤人の生地知りたし（4回）『生駒新聞』11月1日～1988年2月1日

1988（昭和63）年
巡遊の歌人高市黒人―その人となりを考える　『生駒新聞』3月20日
いかさまに思ほし召すや―柿本人麿のこと（3回）『生駒新聞』5月1日～7月1日
『国指定重要文化財高山八幡宮本殿』[12]　高山八幡宮 8月
茅渟宮を尋ねて　『生駒新聞』8月20日
万葉集一六〇挽歌考　『生駒新聞』9月20日
物思う元明御製歌一七六、七七挽歌を読む　『生駒新聞』11月1日

1989（平成元）年
食の哲学　宣化天皇記を読む　『生駒新聞』2月20日
紀行・旅する心　ときどきに詠む　歌20首　『生駒新聞』3月1日
大津皇子の実像（2回）『生駒新聞』5月1日～6月1日
安閑・宣化と欽明のこと　『生駒新聞』7月10日
敏達天皇紀を読む―難解二、三　『生駒新聞』8月1日
用明天皇前紀の斎王酢香手姫のこと『生駒新聞』9月10日
金風颯颯　『生駒新聞』10月10日
旅と伝説の歌人　高橋虫麻呂考　『生駒新聞』11月1日

日本書紀を読む　舒明と斉明女帝　『生駒新聞』12月10日
『折りおりの歌百首―平成元年7月のころ』私家版

1990（平成2）年
日本書紀を読む　孝徳・斉明帝のこと（2回）『生駒新聞』5月1日～6月1日
日本書紀を読む　第38代天智天皇　『生駒新聞』7月1日
日本書紀を読む　持統女帝の御事　『生駒新聞』8月1日
続日本紀に学ぶ―文武天皇の御事（2回）『生駒新聞』9月10日～10月10日

1991（平成3）年
六国史・続日本紀　文武天皇の御宇　『生駒新聞』7月1日
続日本紀巻1　文武天皇の御記　『生駒新聞』8月20日（絶筆）

（注）
1　雑誌『風土』第3号　山崎特輯「随筆集　春の車」の「あとがき」による。なお現在のところ本書の現物は発見できていない。ここで一つの仮説を述べておく。同年の『新釈日本神典及び神ながら之道』の最後に「ドクトル松本貞次郎先生著」の『古事記新釋』の「近刊広告」が出ている。『日本神典及神ながら之道』も同じく「ドクトル松本貞二郎」名義であるから、この両者は匿名性に差異はない。しかし後年の山崎清吉本人の述懐に『古事記新釋』のみしか現れないのはどうしてであろうか？一つの仮説は、著者にとって両者は事実上同一と見做されていた、別言すれば未完の『古事記新釋』を既刊の『日本神典及神ながら之道』と等しく考えていた、と見るものである。実際に『日本神典及神ながら之道』には古事記神代巻の「仮名表記釈文」が含まれるので事実上本書は『古事記新釋』とも言える。なお神代記以降の部分は、年代記的な叙述になるため、「神典」扱いはしにくく、おそらく予告された『古事記新釋』は『日本神典及神ながら之道』のスピンオフ本であったと推測する。ちなみに古事記関連の文献探索の決定版ウェブサイトとして知られる「國學院大學古事記学センター」（http://kojiki.kokugakuin.ac.jp）のサーチエンジンでも『古事記新釋』の存在は発見できない。
2　これは手書きの原稿が残っているのみで、保存原稿の末尾に「昭和五年十二月　大阪市天王寺区生玉町三　皇道普及会　振替大阪　一八四三〇」とあるが、実際に刊行されたかどうかは不明であり、現物を発見できていない。時期的に上記の『古事記新釋』と同時並行して準備された原稿と推測され、もしかすれば古事記本文への

解説文として『古事記新釋』に収録されるはずの草稿だった可能性もある。
3　雑誌『風土』第5号　山崎特輯「お茶と茶筅」付載の「小著目録」による。
4　雑誌『風土』第3号　山崎特集「随筆集　春の車」に「—昭和初年の旧稿から—」の副題を付し再録、「あとがき」に東京万朝報の昭和6年7月31日付の宗教欄に掲載された同紙編集部の「神道と無産者の論戦」の一部を引用。「山崎氏対麦野氏の神道及び解放運動に関する論戦は、カナリ久しきに亙って本欄で火花を散らし、各々独自の立場と主張を強力に展開しているのは壮観である」とある。山崎清吉がすでに『東京萬朝報』に登場していたことがわかる。時期的には『日本精神史観と唯物論』の刊行時期と前後するので、いずれにしてもこの時期に山崎清吉は日本主義の新進気鋭の論客としてデヴューしたと見ていい。
5　『奈良新聞』　明治31年創刊、戦時統制で統合される『奈良日日新聞』の前身の一つ。現在の『奈良新聞』とは別である。ただし『奈良日日』は平成半ばに現『奈良新聞』に経営統合され事実上廃刊した。
6　「山崎清彦」名義で出版されている。
7　雑誌『風土』第3号　山崎特輯「随筆集　春の車」に再録
8　これについてはもう少し情報をあとで書き入れます。
9　雑誌『風土』　吉田の個人誌。発行は風土同人社、第4号から風土社。なお『風土』の特輯として出版と同時に社務所を発行先として独立冊子体で何部か出版されている。これらは内容において『風土』版と完璧に一致するので、この目録では私家版をあえて記載していない。
10　1975（昭和50）年、『大和タイムス』から『奈良新聞』に改題して現在に至る。
11　『竹風』は薮内流竹風会の機関誌である。
12　1973（昭和48）年版「県指定文化財高山八幡宮本殿」の改訂版（高山八幡宮新社務所落成記念）として刊行された。

第Ⅲ部

山崎先生と吉田

出典一覧

第Ⅰ部
対論　山崎清吉と西本喜一　本書初出
第Ⅱ部
私の昭和五十年―生駒の文化交流―『サンケイ新聞』一九七五年一二月四、五、六日
二人の文人　生駒民俗会二十周年記念誌『ふるさと生駒』、一九九九年一二月
竹のしずく―芳竹宗匠と『愛郷新聞』のこと―　生駒民俗会三十周年記念誌『ふるさと生駒』、二〇〇九年一二月
光彩放つ『北倭村是』の志　本書初出
生駒地方史研究覚え書(上)　河内史談会『河内文化』二一号、一九七五年
生駒地方史研究覚え書(下)　河内史談会『河内文化』二三号、一九七七年
論争以後十五年『生駒新聞』一九八七年九月一日
社務所の赤絨毯『乱声』一〇号、二〇〇三年
第Ⅲ部
山崎清吉先生と私　本書初出
山崎清吉著作目録　本書初出

著者紹介

吉田伊佐夫（よしだ　いさお）＝写真右
一九四〇年九月　奈良県生駒郡北倭村大字高山（現生駒市高山町）生まれ。

一九六五年三月、慶應義塾大学文学部国文科卒。同年四月産経新聞大阪本社入社、一時期の編集局社会部、日本工業新聞（現在、フジサンケイビジネスアイ）、夕刊フジ編集部在籍を除き編集局経済部記者として経済畑ひと筋。論説委員兼経済部編集委員を経て二〇〇二年、定年退職。

この間関西プレスクラブ企画委員。月刊誌『大和路　ならら』執筆メンバー。

著書　『人あり縁あり―十一人の財界交遊記』（文芸社　二〇〇〇年）、『われ官を恃まず―日本の民間事業を創った男たちの挑戦』（産経新聞社　二〇〇二年）

小島　亮（こじま　りょう）＝写真左
一九五六年一一月　奈良市富雄生まれ。大阪市東成区と生駒市軽井沢、ハンガリー共和国ブダペスト市に長年生活する。
一九九一年六月、Kossuth Lajos Tudományegyetem（ハンガリー国立コシュート・ラヨシュ〈現在、デブレツェン〉大学旧制博士課程修了。人文学博士（社会学）。一九九三～五年、Vytauto Didžiojo universitetas（リトアニア国立マグヌス・ヴィタウタス大学）人文学群准教授。一九九九年から中部大学に奉職。国際関係学部助教授、教授を経て人文学部歴史地理学科教授。現在に至る。
著書　『ハンガリー事件と日本』（中央公論社　一九八七年）、『ハンガリー知識史の風景』（風媒社　二〇〇〇年）、『小島亮コレクションⅠ・Ⅱ』（現代思潮新社　二〇〇四年）など多数。
近著は、Tarpkultūrinių ryšių ir lyginamosios intelektinės istorijos takoskyra : straipsnių rinkinys（Vytauto Didžiojo universitetas 2019）。

生駒新聞の時代　山崎清吉と西本喜一

2021年7月1日　第1刷発行　（定価はカバーに表示してあります）

著　者　吉田伊佐夫
小島　亮

発行者　山口　章

発行所　名古屋市中区大須 1-16-29
振替 00880-5-5616 電話 052-331-0008
http://www.fubaisha.com/
風媒社

＊印刷・製本／モリモト印刷　乱丁本・落丁本はお取り替えいたします。

ISBN978-4-8331-5387-4